A RAINHA ALBEMARLE
OU
O ÚLTIMO TURISTA

Jean-Paul Sartre

A RAINHA ALBEMARLE
OU
O ÚLTIMO TURISTA

Fragmentos

texto estabelecido e anotado por
Arlette Elkaïm-Sartre

tradução:
Júlio Castañon Guimarães

EDITORA GLOBO

Copyright © Editions Gallimard 1991
Copyright da tradução © 2009 by Editora Globo S.A.

Todos os direitos reservados. Nenhuma parte desta edição pode ser utilizada ou reproduzida — em qualquer meio ou forma, seja mecânico ou eletrônico, fotocópia, gravação etc. — nem apropriada ou estocada em sistema de bancos de dados, sem a expressa autorização da editora.

Texto fixado conforme as regras do novo Acordo Ortográfico da Língua Portuguesa (Decreto Legislativo nº 54, de 1995).

Título original: *La reine Albemarle ou le dernier touriste*

Indicação editorial: Alexandre de Oliveira Torres Carrasco
Revisão: Ronald Polito, Beatriz de Freitas Moreira e Valquíria Della Pozza
Capa: Warrakloureiro
Imagem de capa: Philippe Halsman/Magnum/Latinstock

1ª edição, 2009

DADOS INTERNACIONAIS DE CATALOGAÇÃO NA PUBLICAÇÃO (CIP)
(CÂMARA BRASILEIRA DO LIVRO, SP, BRASIL)

Sartre, Jean-Paul, 1905-1980.
  A rainha Albemarle ou o último turista / Jean-Paul Sartre; texto estabelecido e anotado por Arlette Elkaïm-Sartre; tradução Júlio Castañon Guimarães. — São Paulo: Globo, 2009.

  Título original: La reine Albemarle ou le dernier touriste.
  ISBN 978-85-250-4705-2

  1. Itália – Descrição e viagens 2. Itália – Descrição e viagens – 1945-1974 3. Viagens – Itália 4. Sartre, Jean-Paul, 1905-1980. I. Elkaïm-Sartre, Arlette. II. Título.

09-06460   CDD-848.91

Índice para catálogo sistemático:
1. Filósofos franceses: Viagens: Itália: Literatura francesa   848.91

Direitos de edição em língua portuguesa para o Brasil adquiridos por Editora Globo S.A.
Av. Jaguaré, 1485 — 05346-902 — São Paulo — SP
www.globolivros.com.br

SUMÁRIO

Apresentação 7

A RAINHA ALBEMARLE OU O ÚLTIMO TURISTA
Fragmentos

Em direção a Nápoles 13
Capri 15
Roma 23
Veneza 57

ESBOÇO E OUTROS TEXTOS

La Regina Albemarla o il ultimo turisto 107
Notas breves 167
Veneza, de minha janela 173
Um plano para a estada em Veneza 187

Apresentação

No dia 10 de setembro de 1951, Sartre considera concluído, ou quase, seu trabalho sobre Jean Genet; estava preso a esse trabalho há mais de dois anos, a ponto de ficar "alucinado" e de se sentir vagamente incomodado por ele. De Londres, nesse dia, uma semana antes de ir ter com ela para uma viagem à Itália, escreve a Michelle Vian:

> Dia 17, quando tomarei o trem, terei as mãos nos bolsos e papel *branco* na mala. O que escreverei? Tenho cem projetos e não sei, isso me distrai.[1]

Esse desejo de escrever em liberdade se volta logo para a própria Itália. Em Roma, Nápoles e Capri, ele toma notas, essencialmente descritivas, em suportes improvisados. A partir de 21 de outubro, instala-se em Veneza e continua a escrever, desta vez em um caderno, escolhendo as palavras para fazer a presença da cidade vibrar. Trata-se já de um esboço; em seu desenvolvimento, assume a forma de um diário, com um tom que permanecerá nas versões posteriores — uma mistura de emoção e ironia. Inspi-

---

1. Agradeço muito a Michelle Vian pelas informações precisas que me forneceu sobre o período *Albemarle* de Sartre, bem como pela autorização que me deu para citar suas cartas.

rado pela origem italiana do caderno, inscreve alegremente na primeira página o título do livro futuro: "La regina Albemarla o il ultimo turisto" (sic).

Como Sartre imaginava sua obra em surgimento, nesses dias de outono em que escrevia sobre Veneza com uma escrita leve, pouco legível por ser rápida, como se desconfiasse de sua nova liberdade ou não quisesse se levar muito a sério? Planejava, como disse mais tarde, uma monografia "totalizante" sobre a Itália, levando em conta a história, a situação política e social do momento, os particularismos das regiões, tudo isso apreendido por meio da sensibilidade de um turista-narrador? Com exceção talvez do episódio romano da Visita a Carlo Levi, em que se vê bem a que dificuldades (rupturas de tom e desarmonia entre o subjetivo e o objetivo) se teria exposto, ele não tentou de fato esse trabalho de Titã. Seria temerário supor que Sartre tivesse necessidade de crer, com um pouquinho de má-fé, nessa vasta ambição, ele que se dera a missão de compreender o mundo metodicamente, para contribuir para a sua mudança? A História está ali, certamente, a história recente e os problemas da Itália do pós-guerra, mas sobretudo a que vai da Antiguidade ao *Quattrocento*. O Turista a sente como uma presença que se esquiva ou faz seu olhar vacilar: ele não analisa, e até mesmo evita fazê--lo. Essa outra definição que ele deu de seu projeto, "a *Náusea* de minha idade madura", corresponde melhor ao que ele parece ter desejado: a propósito de tudo o que se oferece a seus olhos, uma moita, um postigo fechado, a echarpe de uma passante, o Turista, como Roquentin, busca o segredo das coisas; e, como em *A náusea*, a Contingência, o Tempo — um dos grandes temas destas páginas — é apreendido emocionalmente e pelo intelecto de modo simultâneo, descoberta logo narrada e transmitida à intuição do leitor com sua coloração subjetiva, pelos meios sutis e diretos da literatura, sem que intervenha a argumentação própria da filosofia. De qualquer modo, o motor de *A rainha Albemarle* é seu amor pela Itália, o sentimento de pertencer a suas pedras, a sua luz e a seus palácios. Bem anterior ao ano de 1951, constantemente reafirmado, esse amor que, como se verá, o leva da felicidade mais intensa à *morbidezza* mais inquietante, ele quis captá-lo a partir dos mil e um aspectos da Itália, aprofundá-lo, celebrá-lo e comunicá-lo.

Há alguns anos, Sartre passou a atuar politicamente. A necessidade de ação, a necessidade de pensar a ação pegaram-no e não o largarão mais. Eis então o homem-projeto, que se percebe como um bólido que escapa à inércia e é lançado em direção ao futuro, sempre além dele mesmo — errando em Veneza-a-moribunda, cidade sem projeto e destruidora de projetos, reduzida a seu passado. Para ele, homem do progresso que não tem nenhuma simpatia pelos doges e pelos comerciantes que a construíram, Veneza não pode ser mais que uma velha incongruência um pouco maléfica, destinada ao afundamento. Todavia, sua beleza é irrefutável, bem como seu mistério. Simplesmente pela marcha que impõe ao Turista, ela já o contesta, rompe suas certezas e o torna nostálgico dos primórdios do mundo, quando o homem traçava seus próprios caminhos; ela lhe sopra que nas cidades de hoje o ser humano está expropriado do mundo: curiosa visão, sob a pena de Sartre, da modernidade como fúria impessoal de comunicação e pilhagem. Quanto à presença multiforme e obsedante da água, ela o faz voltar a seus desequilíbrios interiores, ao que ele chama de "sua loucura de 1935" (ver seus *Carnets de la drôle de guerre*), de que se julgava livre.

Sartre está aqui mais perto do ideal de Flaubert, *aprender e assimilar o Verdadeiro por intermédio do Belo*, do que da literatura engajada, pelo menos na acepção rígida desta que ele expôs em sua Apresentação de *Temps modernes* seis anos antes. Mas é ele mesmo o Turista? Não parece que tenha tido a intenção de inventar um personagem que não fosse ele próprio. A única diferença concreta é que o Turista perambula solitariamente, o que não é o caso de Sartre; o solilóquio é alimentado por sua vida, seus gostos e suas aversões, por suas lembranças e suas obsessões; os passeios, os incidentes miúdos são datados do mesmo dia em que ele os viveu — e o Turista escreve. *Sou um construtor,* diz Sartre nos *Carnets de la drôle de guerre.* Em *A rainha Albemarle,* ele tomou — é verdade — o partido de não o ser; seus pensamentos, orientados em geral pela preocupação de reunir sua experiência em um todo sob controle, seguem aqui o curso do Grande Canal, da estrada nacional[2] que leva a Nápoles ou partilham da cor do dia. Nesse sentido, o Turista é Sartre, mas um Sartre distante dele próprio, de seu eu de escritor tal como este se construiu e tal como as pessoas o esperam. Ele deita sobre o mundo um olhar sem prevenção, como se várias vezes não houvesse tentado fazer seu inventário e sua teoria.

A rainha Albemarle ou o último turista, título à primeira vista estranho, mas que sem dúvida tem uma história e indica algumas intenções: o último turista é o turista da última estação do ano — sua viagem é feita no outono —, aquele que quer ver a Itália como os turistas do verão não a poderão ver, tal como Roquentin procurando surpreender o sorriso das coisas quando o homem não está presente; é também o último caçador de sonhos, de beleza ou de sentido, último e incerto descendente de uma linhagem que passa por Montaigne, Chateaubriand e Valery Larbaud; é enfim a testemunha do fim da História — decadência da Burguesia e

---

2. No original, "route nationale", que é a denominação na França das estradas de grande importância que ligam a capital às grandes cidades ou estas entre elas. (N. do T.)

Revolução ou fim da humanidade pela bomba atômica. O Turista dá voltas e voltas em busca de um passado fora de alcance, que se tornou mito, trovador apaixonado por uma princesa distante. Sartre pensou ter inventado talvez a sonoridade pura e altiva de *Albemarle*, esquecendo-se dos duques de Albemarle. Ela lhe teria agradado como reminiscência de Mlle. d'Alguesarde, a jovem aristocrata levada pelo sopro terrível da Morte em pessoa em *Le vent dans les arbres*, narrativa de Edmond Jaloux que o impressionara muito em sua infância? A aproximação um pouco estapafúrdia entre o Turista e a Rainha deve ter-lhe ocorrido algumas semanas antes de sua viagem à Itália, num dia em que, pensando pelas ruas de Edimburgo no destino de Maria Stuart, julgara ver andar nas falésias de Holyrood Park *uma noiva toda de branco, com o vestido enfunado pelo vento*.[3]

* * *

Sartre não terminou *A rainha Albemarle*. Não foi encontrado o manuscrito de três sequências pelo menos, Nápoles, Capri e Veneza (as duas primeiras completadas em 14 de janeiro de 1952, a última ainda em elaboração no mês de junho). Felizmente ele havia trabalhado nelas com muito afinco e, em vez de rasurar as páginas, as reescrevia incessantemente. As partes adquiridas pela Biblioteca Nacional permitiram-nos escolher fragmentos consideráveis desse texto abandonado, em versões imediatamente anteriores ao texto desaparecido — que sem dúvida a seus olhos não era definitivo. Restam-nos, além do mais, quatro sequências sobre Roma, sendo as três primeiras inéditas e a quarta, *Um canteiro de capuchinhas*, já conhecida,[4] bem como o esboço escrito

---

3. Carta a Michelle Vian, de 3 de setembro de 1951.
4. Cf. *Situations*, IV.

em Veneza;[5] *Veneza, da minha janela*, por fim, publicado em fevereiro de 1953 em *Verve*,[6] não deve ser considerado, em nossa opinião, como um extrato de *A rainha Albemarle*: convidado por essa revista, Sartre deve ter preferido condensar, em um texto especialmente redigido para a ocasião, temas esparsos de seus escritos sobre Veneza. O rigor formal de *Veneza, da minha janela*, redigido em espírito completamente diferente, parece indicar que o projeto *Albemarle* estava em via de ficar no passado.

No fim de maio de 1952, enquanto ainda trabalhava nele, a atualidade o agarrava de novo: o deputado comunista Jacques Duclos foi acusado de complô e preso; a direita francesa queria ver no partido comunista um partido de traidores. Sartre iniciou *Os comunistas e a paz*. Escrito num movimento de indignação e de raiva, esse ensaio, que pretendia estabelecer sua posição em relação ao Partido e a "teorizar", tornou-se rapidamente para ele um castigo interminável, por razões de que não nos interessa falar aqui, a não ser para dizer que uma delas devia ser a contrariedade de abandonar um texto que ele prezava. Em uma carta a Michelle Vian de 25 de agosto de 1952 lamenta: "Anseio pela literatura descompromissada. Ao voltar a ela, retomo a encantadora, a boa Itália"; e em 9 de setembro: "sofro pela 'Viagem à Itália'". Todavia, Sartre se engajava decididamente como "companheiro de caminhada" do PC. Escrever sobre a Itália lhe pareceu de repente uma atividade de luxo, diante dos problemas políticos e sociais com que se defrontava de modo mais forte, bem como diante de suas outras obras em espera: doravante trabalhava contra o relógio.

ARLETTE ELKAÏM-SARTRE

5. Incluímos esse esboço no fim do volume. Cf. pp. 105 ss.
6. Republicado em *Situations*, IV. Ver p. 186 s.

Em direção a Nápoles

Tarde implacável, estrada mais implacável ainda, desbotada sob um sol de tempestade, os veículos pesados fazem turbilhões de pó de arroz valsar; trata-se do reino sinistro do esbranquiçado. Entre enormes nuvens, o sol bate violentamente e pulveriza essa terra que morre de sede. De vez em quando, cidades secas e deterioradas, bostas velhas embranquecidas, jogam-se contra os vidros e se arrebentam atrás de nós. Eis Cápua que não é Cápua e que é bela (dizem) e a verdadeira Cápua, Santa Maria, que é sórdida. Quanto a mim, não faço diferença entre elas. São cidades estripadas pela estrada nacional, que corre entre carcaças a sessenta por hora. Ruas, largas e sem sombra, se cruzam em ângulo reto. Não há mais palácios.[1] É a primeira vez, desde que saí da França, que vejo prédios que não são palácios: só que são caixotes. Seria possível pensar que são talhados no calcário. São rosa. É uma enorme incongruência pintar esses enormes barracos, mas é a lepra de Nápoles, horrível inseto rosa e verde que morre à beira d'água. Essas cidades dão um aperto no coração. Cada casa é feita para ser deixada no lugar, para afundar com a passagem do ônibus, e há pessoas que moram nelas. A estrada passa entre os prédios, as casas, tudo é público, uma corrente que vai de Roma

1. No original, "*palais*", certamente traduzindo o italiano "*palazzo*", termo que é empregado para designar um edifício residencial. (N. do T.)

a Nápoles os atravessa, a velocidade e o sol são uma coisa só, misturam-se numa espécie de siroco que deposita por toda parte uma cegante poeira branca que devasta tudo. Calor, raios brancos, abandono. Devem sentir essa espécie de movimento que permanece nos corpos quando um vagão para em pleno campo e as pessoas ainda estão tomadas pela velocidade. Não há *querencia*. Trata-se da imagem árida do homem. Nápoles se aproxima. Como sempre tenho um aperto no coração antes de chegar. Atravessa-se um pomar deserto. Sei muito bem, bem demais, o que vou encontrar em Nápoles. Trata-se de uma cidade em putrefação. Gosto dela e tenho horror dela. E tenho vergonha de ir vê-la. Vai-se a Nápoles como os adolescentes vão ao necrotério, como se vai a uma dissecação. Com o horror de ser testemunha. E ela sempre se anuncia por essas carcaças pintadas de rosa ao longo das estradas. Eis o mar, eis novos caixotes amarelos ou rosa, algo como uma nova Cápua, roupas nos balcões, crianças, carniças. Nosso caminhão faz aparecer um carro fúnebre, ele corcoveia diante de nós, mais enfeitado que uma carroça siciliana, o cavalo tem a aparência de uma prostituta, a carroça salta atrás dele, suas[2] quatro colunas retorcidas sustentam uma espécie de baldaquim onde voam anjos. Por quatro vidros, vê-se o caixão sob as flores. Dos quatro lados, balançam lanternas de prata. No estribo traseiro, um papa-defuntos faz acrobacias. É bom ser recebido em Nápoles pela morte. Por uma morte caracoleante, enfeitada como uma puta, fantástica, absurda e rápida. Tudo escurece, mergulhamos na cidade. Como sempre o carro banaliza. Vejo pessoas agitadas, bondes que passam, o céu sobe bruscamente com o sol; estou numa cidade qualquer. O ônibus me deixa em um hotel perto do Castel dell'Ovo. Mando que subam minhas malas e saio.

---

2. Sem dúvida deve-se ler *ses* [suas]. [No original lê-se *c'est* (é). (N. do T.)]

CAPRI

PAISAGENS

... em aceleração constante e então de repente, na mesma velocidade, há essa interiorização da queda.[1] A diagonal final não torna lento o movimento, confere-lhe antes uma sensação misteriosa e inquietante de volta a si. Ao mesmo tempo, a aresta se torce um pouco para oeste, desvia-se ligeiramente, como que furtivamente, das outras sinuosidades da falésia, é sorrateira. O conjunto é surpreendente, pois organizamos linhas no campo visual como as notas no campo auditivo; em certo sentido, cada linha surge como a repetição imobilizada das outras, há uma única linha que se reproduz a intervalos diferentes como as fases de uma metamorfose.[2] Abraçando esse rochedo com um golpe de vista, tenho dentro dos olhos as três fases sucessivas de uma metamorfose, mas dadas simultaneamente: o nobre movimento de uma pata que se abaixa, enfeitiçada, torna-se queda inexorável, nobre ainda pela retidão sem esperança, para acabar em desmoronamento sorrateiro e traidor. Tudo está ali de leste para oeste, em vão eu buscaria seguir de oeste para leste. Trata-se na verdade de um sentido humano que se desfaz, passa ao trágico e acaba no melo-

1. O início da frase não está no manuscrito.
2. Essa frase repete o início da seguinte. O autor teria hesitado entre as duas?

drama. A estrada de Anacapri dá voltas e desce contra o flanco do monte Solaro, desço com ela, enovelo-me, única serpente, único sinuoso nessa paisagem de pedra. De um pouco mais abaixo, a massa do mar transforma-se em geleia; tremores rápidos percorrem-na; mas ao mesmo tempo essa gelatina é dura ardósia cinza. Pedra? Coloide? Não sei. Ao longe a terra é sempre apenas uma fumaça cinza. Diante de mim, o platô situado transversalmente sobre a falésia fende-se subitamente e à medida que desço afasta-se como duas pernas de compasso. A aresta superior, a que vai de leste para oeste, e parte da Villa Jovis em direção a Capri, não é retilínea: distingo nela duas saliências. Omoplatas? Asas, melhor dizendo. Ou ainda, a leitura "asas" e a leitura "omoplatas" não chegam a se fazer. A sensação de que *há* asas flutua, não chega a se impor a essa inclinação escura e seca. Desço ainda um pouco. Dessa vez, há duas superfícies inclinadas; uma larga e vagamente arredondada nos ângulos, a outra mais próxima de mim e mais alta simula a forma de um longo triângulo pontiagudo, perigoso como uma lâmina cujo ângulo mais agudo aponta para baixo, logo acima da Marina Grande. Ao mesmo tempo, tudo se organiza: vejo uma águia que me volta as costas; a primeira saliência, a que está mais perto da Villa Jovis, a leste, é o esboço de uma asa, a segunda é a cabeça, voltada para o levante; a outra asa, já erguida, reduzida por seu movimento, é o triângulo agudo que desponta acima de Capri. Vejo: é dizer muito. Há uma presença de águia, confusa, quase ilegível e no entanto tenaz nessas formas moles. Isso é suficiente para inverter o movimento ou antes a inversão do movimento *é* a águia. Em suma, eu andava e via um chanfro, em diagonal, descer brutalmente para o mar; um passo a mais e tudo se inverte, vejo um impulso, essa superfície está toda penetrada por uma condição de asa. A asa está em parte alguma e em toda parte. Simplesmente, esse chanfro se torna arremesso para o voo. Há impulso. Um impulso poderoso e gracioso, já a asa direita se ergue, a asa esquerda se abaixa, seria possível dizer que ela inicia uma virada sobre a asas e que vai seguir para o sudeste. Enquanto essa águia alça voo, a queda das falésias a ancora no mar. Esses movimentos divergentes, a queda retilínea que, em sua inércia, exprime ainda uma vontade, uma direção do espírito (a queda da morte, o entulho seriam sugeridos pelas linhas diagonais das pirâmides) e o voo que já vira e comunica à grande massa petrificada uma torção imobilizada, os dois movimentos, queda reta, subida em diagonal e giratória, comunicam à pedra uma espécie de laceração seca e alegre, como o crepitar de uma distorção, nunca falésia me fez mais vivo. Nada de mais: como em uma estátua de Giacometti, tudo é movimento. E no entanto, ao mesmo tempo, uma mão invisível apaga essa chama, empasta e mineraliza tudo. Creio perceber o movimento e de repente ele entra na pedra e me vejo em presença de uma calma substância impenetrável que não tem nem direita nem esquerda e nem alto nem baixo. Logo em seguida, toda essa massa desapareceu, resta uma cintilação de direções, o impulso e a queda do raio. E ao mesmo tempo, como em uma melodia, os aspectos anteriores da montanha se organizam com esse novo aspecto. Em suma, ela muda. Umas curvas a mais, alguns automóveis que passam, uma charrete, batidas de chicote, pouco a pouco a águia desaparece, a asa esquerda primeiro, depois a cabeça, resta essa lâmina de faca que a tripla queda da falésia arrasta, que balança e que vai cair no mar e aí se enfiar. Ao mesmo tempo, descubro a espinha dorsal da ilha, essa aresta que leva, acima da Marina Grande ao norte e da Piccola Marina ao sul, como uma linha de divisão das alturas, do alto de Capri à base do monte Solaro. Eis a cidade, contra a falésia branca, cinza, topázio queimado com a mancha vermelha do Albergo Ercolano, o único vermelho de Nápoles em toda a ilha. Debaixo, sai da água uma onda lanosa e tenaz de vinhas, pinheiros, ciprestes, sobreiros.

Capri mítica

É preciso que Capri esteja seca, como uma amêndoa, como um figo da Barbária pelo lado de fora. Lá chove mais do que em Londres e do que em Paris. No entanto, ocultam isso dos turistas. Os habitantes têm poços cômodos onde conservam a água da chuva. O turista, porém, o ignora e o deixam sonhar com poços artesianos. Os líquidos da ilha nasceram da pedra por geração espontânea, pequenas bolas quentes sob as folhas de vinha ou sóis oleosos das árvores mais secas do mundo em sua aparência, azeitonas, ternura oculta das oliveiras. Satisfazer o gosto secreto que desejaria que o mineral tivesse um estado líquido secreto. Capri seria autossuficiente se a pedra engendrasse por meio das plantas seus próprios sucos.

Houve um tempo em que Capri era africana. Atualmente é grega. Dizem também que é romântica. "O senhor acha nossa ilha romântica?", pergunta-me um italiano. Naturalmente ela também é clássica. Foi inglesa, depois alemã. A cada vez é preciso fixá-la e vê-la África ou Grécia. Em suma, fazer com que reflita o mito do momento. Houve mesmo uma Capri futurista quando Marinetti esteve na ilha. Portanto: ilha de Tibério, ilha romana, ilha romântica, ilha africana, ilha pederástica e simbolista, ilha futurista e fascista, ilha grega e clássica. O procedimento é o mesmo: uma chave que não serve para decifrar. Pensa-se África e se vê essa ilha tão verdadeiramente mediterrânea cujas cores são com frequência as dos Alpes Marítimos acima de Nice. Há um descompasso...

Primeiro entro em uma representação coletiva. De fato, ninguém é turista se não é antes de tudo respeitoso. Há os grandes mortos, Gorki, Munthe, há aqueles que pintaram ou falaram de Capri, até o último, Félicien Marceau. Esses textos são impressionantes e opacos de longe, não deixam nada a dizer. De perto são grandes malhas que deixam bastante lugar. Não importa. Estão todos presentes se olho o Arco Naturale ou o monte Solaro. Acabaram por fazer de cada recanto de Capri um utensílio numerado e com o modo de usar. Ditam uma certa condição de admiração. Em seguida, há os especialistas. Hoje vi um deles, muito amável, Edwin Cerio, mas não se trata de brincar. Não tente dizer, como A. Dumas, que a Grotta Azzurra era desconhecida pelos romanos, o sr. Cerio lhe demonstrará que eles se banhavam nela todos os dias; e não vá, como Rilke, achar que há um excesso de montanhas em um espaço muito pequeno, você será tratado como um poeta superficial. Devo convir que a frase assim cortada do contexto é bastante idiota. Mas seria preciso conhecer o contexto pois Rilke está longe de ser um idiota. Enfim, há as histórias. Quantas Rainhas Albemarles passearam por aqui, suspiraram. Podemos segui-las acompanhando seus traços. Ainda hoje há aqueles que compreendem Capri, pequena aristocracia de turistas de inverno. Então, Capri é sagrada. Não se trata de vê-la, mas de sentir nela uma certa condição de emoção. Certos juízos muito gerais são permitidos. Sabe-se que as reações comuns a muitos indivíduos em certos testes são chamadas *populares*. Assim, o teste Capri tem seus populares. Por exemplo, ao chegar à pequena praça com seus quatro cafés e no fundo os degraus que levam a uma igreja branca e bizantina de um lado, a uma loja iluminada do outro, pensei: teatro, ópera. Desde ontem encontrei cinco pessoas que me disseram sobre a praça: teatro, ópera. Uma era uma romancista italiana e a outra uma senhora belga que eu não conhecia. Abro o romance de Félicien Marceau *Capri petite île*, que acaba de sair pela Gallimard e que comprei aqui, e leio: "Seria possível crer que, sem querer, tivéssemos entrado num palco de teatro". Eis um popular bem estabelecido. Só resta dizê-lo e, se não o sentimos, senti-lo. Esses exercícios espirituais impõem-se ao turista. Mais frequentemente do que se imagina, ele é obrigado a ver uma sala em um lago. Confesso que não sinto o aspecto teatro (embora vendo perfeitamente o palco, o cenário, a rampa, os degraus de acesso etc.). Prefiro a comparação de Marceau: "As ruelas que levam (à praça de Capri) não são mais largas que uma porta e em geral abobadadas. A gente se imaginaria em uma sala". Isto porque, de fato, segui a ruela do fundo da praça, a que se abre a leste, por uma porta que dá para um pátio particular. Mas fui eu que errei. A verdade *popular* está estabelecida. Ao lado disso, você tem não populares, mas que têm autoridade para eles. Admirei tolamente, como todo mundo, as buganvílias, coroas violeta nas fachadas brancas das casas. Parece que errei. As buganvílias, importadas tardiamente, tiveram muita dificuldade para se aclimatar. Hoje invadem tudo e, dizem-me, enfeiam a ilha, estragam suas cores. Sem negar sua qualidade, o amador de Capri, aquele que compreende, as desejaria no inferno. Fala-se de Bougainville com os dentes ligeiramente cerrados. Percebo o que os incomoda: as buganvílias têm flores untuosas, são cardeais, Monsignori, têm uma volúpia despreocupada, uma riqueza um pouco insolente, e o verde da ilha não pede esse violeta. Compreendo muito bem o que querem dizer: os encantos de Capri são secos e leves e, mesmo hoje, ainda rústicos; as oliveiras, os ciprestes, os sobreiros, os jasmins não se distinguem tanto da pedra de que se nutrem, têm uma austeridade mineral e seus tons vão do cinza ao azul--acinzentado, passando pelo verde-cinza, o cinza-verde e o verde-

-escuro. De minha janela, na noite de minha chegada, as folhagens eram brumas, echarpes transparentes. Tudo é desenhado a bico de pena, as cores têm o ar de finos pós um pouco passados que se dispersarão se soprarmos sobre eles. O jasmim com suas flores, estrelas-do-mar embranquecidas e secas, a acácia com suas folhas trementes, outras árvores com suas folhas envernizadas, convêm perfeitamente. As folhas envernizadas e escuras, as folhas de zinco pintado ou de papel-alumínio, tudo o que evoca a leveza de finas folhas de papel ou de finas lâminas de metal, tudo pode servir. É preciso que a pedra passe do metal ao vegetal e o vegetal à pedra. É preciso que a terra, a gorda terra negra e fecunda, um pouco úmida e que cheira, seja silenciada, ela é má companhia. Cheiros de sílex, gostos de fuzil, o sal, eis o que convém à ilha. Jogos de sombra e luz serão suficientes para espessá-la, para transformar em tinta preta certas rochas e então de súbito torná--las mais leves, devolver-lhes sua secura pulverulenta. Em suma, é preciso que a ilha seja ática, seja à imagem de um espírito vivo e picante. Perfeito. Esses italianos querem descender dos gregos, como os de Roma querem descender dos etruscos, nova prova do descrédito em que a Roma antiga caiu...

ROMA

VISITA A CARLO LEVI[1]

Roma está deserta; entre as paredes de suas veneráveis sentinas, a noite floresce, é um pequeno bosque molhado, com pétalas por toda parte: é preciso que eu as afaste para passar; buquês de flores murchas flutuam e me roçam à deriva, é a chuva; caminho sobre um espelho negro onde tremulam reflexos vermelhos e verdes. Um bonde vazio numa praça vazia entre duas igrejas vazias e dois palácios apagados: cheguei. Um rasgo de luz embaixo de uma parede: o bar; entre seus metais, jovens andam e gesticulam; tiraram os paletós molhados e os jogaram sobre os ombros; falam do jogo Roma-Modena que acontecerá amanhã, de Coppi,[2] que vai correr em Lugano: apostam dinheiro. Infelizmente não é no bar que me esperam: tenho compromisso nesse caixote, ali, bem na minha frente, pesado edifício começado por um cardeal e terminado por um papa; foi preciso quase a segunda metade

1. Escritor e pintor italiano de que Sartre se tornara amigo; escreveu em especial *Cristo parou em Eboli* (1945).
2. Fausto Coppi, o célebre ciclista italiano, ganhou uma corrida contra o relógio em Lugano, no domingo 14 de outubro de 1951; esse fato situa a lembrança de Sartre que inspirou este texto: seu encontro à noite com Carlo Levi no sábado 13 de outubro. Na realidade, Michelle Vian e sem dúvida J.-L. Bost estavam presentes.

do século XVII para construí-lo;[3] ampliava-se constantemente, as casinhas em torno pululavam como pulgas e os romanos as olhavam pulular; Pasquino comparou esse palácio à Casa Dourada de Nero, mas me faria pensar sobretudo nessas grandes lojas que os parisienses, no fim do último século, viram de repente sair da terra enquanto as lojas do pequeno comércio afundavam em torno delas. É certo que se conta a história da velha que não queria vender seu casebre; o papa mandou que a poupassem e os trabalhos tiveram prosseguimento à direita e à esquerda da casinhola, sem tocar nela; parece que o edifício traz ainda em seu flanco o traço da moderação papal: uma pequena janela que rompe a harmonia das linhas. Cem anos mais tarde, a história foi retomada na Prússia: a velha mudou de sexo, tornou-se o moleiro de Sans Souci.[4] Essa história reaparece toda vez que a grande propriedade pretende acabar com a pequena; seu eco enfraquecido se encontra em *Au bonheur des dames*.[5] Nesse momento, o papa morreu e com ele sua família: morta a "casa", resta o palácio, seu duplo de pedra, só como uma ilha, como o Bon Marché ou o Printemps;[6] hoje não passa de um prédio de aluguel, cinza, triste e difícil de aquecer: esmaga as ruelas que o cercam e sua grande porta entre duas colunas jônicas abre-se para a escuridão. É preciso entrar, procurar meu amigo L., que aí se esconde. Entro então, decidido a perder, a aí me perder: não gosto do século XVII. Pórtico, pilares, lampadários de ferro forjado com vidros escurecidos pelos séculos, cercados de pequenas auréolas pálidas que tornam mais escura a noite. Parece que há um porteiro e que ele conta histórias interessantes sobre os antigos loca-

3. Trata-se do palácio Altieri, Piazza del Gesù, onde C. Levi morava na época.
4. Herói, com Frederico II, de uma história semelhante à da velha e do papa.
5. Romance (*À felicidade das senhoras*) de Émile Zola. (N. do T.)
6. Tradicionais lojas de departamentos em Paris.

tários. Mas onde o encontrarei? Grito, fracamente: "Porteiro!" e minha voz se perde em um silêncio de catedral. Dou alguns passos, por desencargo de consciência (o desencargo de consciência e a conduta de fracasso são a mesma coisa); encontro as algas da chuva, o céu malva acima de um imenso pátio de prédio; de espaço a espaço, o muro luz debilmente: são as janelas; por que era preciso que meu amigo L. tivesse escolhido morar no século XVII? Dou meia-volta, em direção a uma escada monumental, à direita da entrada. Eu sabia que essa escada estava ali. Sob essa claridade carbonosa, as coisas não se mostram de uma só vez; de início não as vemos, e depois, quando as notamos, percebemos, como nos sonhos, que já as tínhamos visto. Lustrados como pias de água benta, altos como pedestais, os amplos degraus antigos se perdem na penumbra. Por que não? Sob uma lâmpada que pende na ponta de um fio, começo a ascensão, enfio-me pelas entranhas de pedra do século clássico. L. falou desses degraus, em seu livro: parece que um antigo locatário, um americano, não pôde deixar de subi-los a cavalo.[7] Compreendo esse cavaleiro: para quem possui simultaneamente essa escada e um cavalo, o desejo de pôr este sobre aquela deve ser irresistível. Ergo alto a perna, e cada passada me ensina que é preciso ser cavalo ou estátua para subir esses degraus. Estátua equestre em miniatura, apresso-me sobre os degraus dessa estátua de escada e me encontro, sem fôlego, no meio de um vestíbulo redondo e com piso de mármore; as trevas estão por toda parte, diluídas na luz, fuligem em suspensão em seus raios; através desse espesso chuvisco amarelo acho que distingo uma porta de bronze verde. Aproximo-me: não, *não é* de bronze, nem verde, e *não estou* sob o peristilo de um templo; ergo

[7]. Em seu romance *O relógio*, publicado pelas Éditions Gallimard em 1952, Carlo Levi descreve o palácio Altieri e relata essa história. Um trecho desse romance saiu em janeiro de 1952 em *Les temps modernes*.

os olhos: é um templo de qualquer modo. Leio: "Consórcio dos Bancos Italianos". Por trás dessa porta sei o que há: uma sequência de salas vazias, tetos com afrescos, estuques, estátuas antigas, um piso revestido de mármore e, de longe em longe, uma poltrona cujos pés, de dia, se refletem no mármore. Silêncio, frieza, ausência: a pompa abstrata do banco se casa com a grandeza sinistra do século XVII. Sobre a escrivaninha do presidente, a peruca de Luís XIV encima um aparelho telefônico. Lanço-me em uma nova escada. À minha direita, a rampa e o vazio; à minha esquerda, ao longo de uma falésia calcária, uma cabeça cortada me olha, aperto o passo; outros monstros se alinham à minha passagem e me observam em silêncio, um gramático togado se volta para mim, apresso-me, perdido, vigiado, estatuificado por esses olhos de gesso, levantando alto o pé, como um cavalo, sentindo a nobreza clássica subir de minhas pernas para minha barriga como o frio da cicuta e, bruscamente, um dedo sai da sombra; um auricular do tamanho de um homem, ligeiramente curvado, ignobilmente gordo na base, que acaba de sair de uma narina ou de uma orelha gigante. Será que vai se abaixar em minha direção para me apontar? Parece-me que celebro um rito solitário de uma enorme cerimônia cujo sentido me permanece oculto. Será possível morar nesse prédio, subir e descer dez vezes por dia essas escadas sem que o sangue nas veias se transmude em gesso antigo?

Em todo caso, trata-se de uma ginástica proveitosa. Tendo chegado a um patamar, volto-me, e tudo se esvai: ao contrário, esse arranjo de pequenos degraus perde sua nobreza; cinzento e sujo de amarelo, mergulhando em uma bruma irrespirável, tem simplesmente o jeito de uma escada de metrô. Dou alguns passos. Só portas fechadas; um corredor; sigo maquinalmente esse fio de Ariadne: um caminho de gesso que serpenteia sobre o piso; o corredor se torna canteiro de obras: escadas, escoras de madeira; uma porta arrancada das dobradiças está encostada na parede entre dois montes de gesso seco; um pouco adiante, tijolos e uma papa de gesso em um balde. Ninguém à vista, naturalmente. Subo alguns degraus e a noite me lambe, lágrimas rolam em minhas mãos: passo por uma ponte a céu aberto entre dois prédios, entro em uma vila operária, escura, carbonosa, com ruas intermináveis, portas marrons, de cada lado dos corredores, fontes que se ouve murmurarem de longe e que descobrimos nos cruzamentos, placas, cartazes. Nem sequer uma janela: a vinte metros acima do chão, era como estar em catacumbas, em um abrigo subterrâneo da última guerra. Uma anã sai de um corredor e vem ao meu encontro arrastando chinelos: já era tempo, eu ia me tomar por um fantasma. Mas ela me lança um olhar temeroso, ao cruzar comigo, e leio em seus olhos que não está bem certa de que eu não seja um fantasma. Esse bairro deve ter má fama: ela aperta o passo. Depois de ter passado por mim, volto-me e vejo que ela também se volta; cada um sente sua estranheza no olhar do outro: penso "O que faz essa siciliana nos forros desse palácio clássico?" (isso é geografia poética: sempre que vejo uma mulher pequena de cinquenta anos na Itália, tomo-a por siciliana); ela pensa: "O que faz esse turista nos corredores de nossa cidade?". Ela some, eu desperto: vejamos! sei muito bem que me perdi de propósito; subi demais, L. mora no andar de baixo. Ele me explicou bem a topografia dessa cidade vertical: os apartamentos de 40 mil e 60 mil liras por mês da burguesia média situam-se no segundo, entre os escritórios principescos das finanças e os bairros populares. Volto atrás. Corredores, a ponte, a noite, novos corredores, o rastro de gesso; desço, encontro um pequeno corredor à esquerda, toco, ouço ressoar muito longe a campainha em um silêncio vazio; espero. Dali a pouco, ouço passos distantes, hesitantes, que não param de se aproximar.

— Quem é?
— Eu queria falar com L.
Nenhuma resposta. Insisto:
— L., o escritor. O senhor sabe onde ele mora?
Novo silêncio. O sujeito está emboscado atrás da porta, segurando a respiração; tem medo: muita penumbra, muito vazio, muitas paredes; a partir do entardecer, o medo reina nessa cidade. Suponho que os gritos seriam ouvidos mal de um andar para outro; cada apartamento é uma casa perdida à beira de uma estrada perigosa. Alguém me *teme*, do outro lado da porta; sinto-me tão terrível que começo a fazer medo a mim mesmo. Eu queria falar-lhe mas minha voz se estrangula na garganta; sou um *golem* barroco, uma estátua de gesso com peruca; vou embora, fazendo meus passos soarem no piso, para tranquilizar minha vítima. Novo corredor, igual ao primeiro; nova porta. Toco. Desta vez, acertei: na parede da direita decifro inscrições que me informam.

"*L. tinha prometido ao proprietário deixar o apartamento em 6 de agosto. L. não cumpriu a palavra. Qual romano, daqui para a frente, considerará L. um homem correto?*

Assinado: *o Proprietário, Beppo Silente.*"

Embaixo, com outra letra:

"*L. sublocou o apartamento à sra. Rena Reni e não tem de prestar contas a Beppo Silente. Os romanos continuarão a confiar nele e o sr. Silente fará melhor se não sujar suas próprias paredes com inscrições imbecis.*

Assinado: *L.*"

Embaixo, a primeira letra, de novo:

"*L.! L.! Na noite com lua seus amigos fizeram uma barulhada e o senhor sabe o resto. Coitada da senhora Joy! O senhor finalmente vai embora?*

Assinado: *Beppo Silente.*"

E L. volta:
"*Romanos, sou responsável pelas serenatas que os filhos de Garibaldi fazem para as americanas?*"
L. pergunta, do outro lado da porta:
— *Chi e?*
Ele também não tem jeito muito tranquilo. Digo prontamente:
— Sou eu.
— Eu o esperava.

Ouço-o levantar o ferrolho, tirar a corrente e penso em nossos pequenos prédios parisienses onde estamos tão apertados que cada um de nós pode dizer, hora a hora, o que o vizinho faz. Nesse mesmo momento, perdida no fundo do Quirinal deserto e muito grande para ela, a República italiana treme de frio talvez na pessoa do senhor Einaudi, seu presidente.
— Entre!
Entro, sigo, atrás de L., por um longo corredor. Digo-lhe:
— Vi belos grafites na sua parede.
Ele ri sem se voltar:
— Meu proprietário é um poeta. Ele poderia me insultar por carta registrada; é o que se faria entre vocês, imagino. Mas ele quer gravar seus insultos na pedra.
Volta-se:
— Você viu as inscrições no andar de cima?
— Não.
— Então você não viu nada. Você encontrará de tudo: desenhos, confissões, poemas; há coisas eróticas, relatos de caça e de guerra, queixas, declarações de amor, encontros e anúncios. Nossas paredes são tão altas e tão brancas: é preciso enfeitá-las. Uma noite, quando todo mundo dormia, um sapateiro saiu de seu quarto com uma pequena escada e um grande lápis vermelho.

Subiu na escada e escreveu na parede a história de sua vida; isso lhe tomou quatro horas. Em seguida, voltou para casa e subiu na escada para se enforcar. Este é meu conjugado.

Um único cômodo. Cinco metros de pé-direito, dez de comprimento, oito de largura. Mais ou menos as dimensões de nosso barracão, no Stalag XII D.[8] Ali éramos 158. Atravessamos a sala para sentar em duas poltronas perto da janela.

— Meu quarto.

Viro-me: ele me aponta uma escada de pedra, à direita da entrada, que leva a uma galeria disfarçada por uma tapeçaria laranja. L. é o primeiro romano que não me parece ter o prazer do vazio. Tentou encher essa sala imensa com teto em caixotão. Mas não com móveis: com telas que pintou. Há mais de trezentas, umas — em número muito pequeno — penduradas nas paredes, as outras empilhadas no chão. Pinta mais do que escreve. Acima de mim, há uma grande marionete pendurada num prego, é um cavaleiro com jeito de boneca preparado com sua armadura.

— Isso vem de Palermo?

— Vem.

Lembro-me do exibidor de marionetes. Tinha um longo bastão para bater nas crianças que gritavam muito alto. Levanto-me, olho o belo guerreiro com faces de donzela.

— Mas é vesgo.

— Certamente. É Orlando.

— Orlando? Roland?

— No teatro palermitano, Orlando é vesgo. Eles têm ideias muito especiais sobre os paladinos. Por exemplo, Renaud chefia uma verdadeira gangue; rouba tudo o que encontra. Há também uma amazona que aterroriza todo mundo; para matá-la seria

---

8. O Turista, como o autor, foi prisioneiro durante a última guerra mundial no Stalag XII D.

preciso que a espada de Orlando lhe transfixasse o sexo. Um dia Renaud rouba essa espada, deita-se de costas e se faz de morto; quando a amazona passa, ele ergue o braço e a fere entre as pernas.

Em uma escrivaninha, vejo duas estatuetas de cavalos: minúsculas cabeças sobre corpos de percherão fortes e volumosos. São africanos? Etruscos?

— São queijos; me mandam da Calábria.

— Parece arenito.

— Quanto mais se desce para o sul, mais os alimentos se aproximam da pedra ou da madeira morta. É forçoso: é preciso conservá-los por muito tempo. Olhe esta linguiça.

Parece um pedaço de madeira; mas a fatia, brilhante e dura, com arestas cortantes, parece quartzo negro.

Os cavalos enquadram uma pequena estatueta votiva cuja pedra parece mais friável que o leite esculpido de que são feitas. Os camponeses, no Sul, as desenterram com frequência; eles as dão a seus filhos. Uma menina brincava de boneca com essa deusa envolvida em um pedaço de pano. Ela quis trocá-la por uma boneca de porcelana de verdade que abria e fechava os olhos. Na outra parede está pendurado um polichinelo napolitano de cera. Mas nada, nem mesmo esse aquecedor antigo e solene, cujo tubo em curva risca o cômodo em todo o seu comprimento, nem a longa mesa retangular, nem os livros que enchem o chão, nada pode satisfazer o insaciável vazio romano; ele rói tudo, é uma doença mortal. Esse bricabraque flutua; não pesa, meio digerido pelo vazio; esse amontoado de coisas sem importância não chega a esconder o espaço puro. Meu amigo não está *em sua casa*; essa sala não pertence ao homem; ela só poderia ser habitada pelo colosso que deixou seu pequeno dedo na escada.

— Tire seu casaco.

— Não. Não, não.

Não tirarei minha capa. O aquecedor esquenta, mas faz muito frio; olho com surpresa L. que usa um paletó caseiro e chinelos nesse saguão de estação ferroviária. Se não estivesse chovendo, eu o levaria para um desses salões íntimos onde se pode passear, sem estar deslocado, de chinelos e robe, em uma rua de Roma. Chego até a janela: a chuva continua a cair. Sento de novo, não muito à vontade. As lâmpadas que iluminam o cômodo são mais limpas e mais novas que as lâmpadas dos corredores, mas é a mesma luz amarela.

— Você não estava aqui, por esses dias?

— Não, diz ele. Estava fazendo uma reportagem na Sicília para um jornal de Milão.

— Impelleteri?

— É. Estive em sua aldeia; e o vi chorar. Ele soluçava, as meninas do orfanato cantavam e sua mulher o olhava. Você não imagina o que a Itália fez dele.

— O quê?

— Um italiano, simplesmente. Acabou o *grin*; estava apagada a maquilagem de Nova York e de Connecticut, a pintura puritana desse católico: seu rosto estava nu, vi seus cabelos encaracolados, suas rugas patéticas, sua longa boca fina e amarga. Sua mulher ficou firme e fria durante toda a viagem; o Norte em pleno Sul. Ele a espantava, penso eu; e tenho a impressão de que ela achava que ele chorava muito alto. Ela teria preferido algumas lágrimas silenciosas. Suponho que ela deve ter reconhecido, à noite, que foi um grande sucesso.

— Um sucesso?

— Claro! Nova York é a maior cidade italiana do mundo. Em quem você acha que eles vão votar, os italianos, nas próximas eleições municipais?

— Ele não chorou de propósito.

— Certamente não. A viagem era propaganda eleitoral com um pouco de publicidade para o Pacto Atlântico. Mas as lágrimas são verdadeiras: ele chorava por seu destino. De qualquer modo isso não será mal. Essas lágrimas vão eliminar muitos argumentos da propaganda comunista.

Ele sorri:

— A Itália o recebeu. Ele nunca tinha voltado, sabe, desde 1901. Voltará a Nova York cheio de comportamentos curiosos e gestos venenosos.

Acende um charuto toscano.

— Isnello fica a oitenta e três quilômetros de Palermo. A quarenta quilômetros de lá existem minas de enxofre. Os mineiros estavam em greve. Fui lá em meu quatro-cavalos,[9] com meu fotógrafo. Uma das minas está ocupada pelos mineiros, a outra guardada pela polícia. Chegamos a um vilarejo deserto que parecia muito Isnello. Começou a chover; eu queria ver o proprietário das minas, mas isso não foi simples. Batia em todas as portas e ninguém queria abrir. Finalmente, fiquei sabendo que ele estava entrincheirado no hotel. Fui lá, parlamentei durante uma hora antes de me deixarem entrar no salão. Revistaram-me e me puseram diante dele. Estava sentado a uma mesa, no meio de seus filhos, de seus genros e sobrinhos, todos de pé, com fuzis; vi-o bem, apesar da penumbra, é um velho estranho com ar duro, vestido como um camponês rústico. Sua família lhe obedece rigorosamente. Ele me impôs um verdadeiro interrogatório e perto do fim ficou mais afável, mas não quis ser fotografado. Impossível fazê-lo falar sobre a greve: disse-me que me havia recebido porque queria fazer um comunicado à imprensa a respeito de um panfleto. Os operários pediram ao professor primário para

9. Trata-se de referência ao Renault 4cv, automóvel produzido de 1946 a 1961. (N. do T.)

escrever um panfleto contra ele; e esse panfleto era muito duro. Ele se queixou da ingratidão humana, desmentiu as alegações do panfleto; disse que, cinquenta anos antes, seu autor seria morto. Parecia mais preocupado com o panfleto do que com a greve. Perguntei-lhe se eu podia ler esse panfleto, e ele abriu uma gaveta da mesa; vi o livreto, era fino e comprido, com uma capa branca e um caralho vermelho. Fechou a gaveta de repente e me disse: "Não tenho". Um dos filhos disse: "Eu tenho". O velho o olhou com raiva e eles se falaram em voz baixa; eu não ouvia nada e além disso não compreendo o dialeto. Finalmente o velho disse: "Ele o deixou em casa. Meu neto vai levar o senhor; o senhor voltará para lê-lo aqui". Seguimos o garoto, saímos da aldeia e andamos sob a chuva. Quando chegamos ao pé de uma colina, ele nos fez uma cara de deboche e fugiu correndo. Olhamo-nos e depois olhamos a colina: policiais desciam rapidamente em nossa direção com pequenas metralhadoras e revólveres. Do outro lado da colina, ficava a mina de enxofre guardada pela "*celere*",[10] o pequeno pilantra nos havia entregue. Felizmente, conheciam meu nome e nos liberaram quando viram meus documentos. Fizemos o caminho de volta. A chuva tinha parado mas a aldeia continuava deserta: portas aferrolhadas, postigos fechados e, seguramente, homens com fuzis de caça por trás das janelas. Era um domingo; a aldeia cheirava a levante e a domingo, ao mesmo tempo. Na praça principal, nem um gato. Atravessamos uma pequena rua miserável; de repente, eis que uma porta se abre, um sujeito sai, me põe um livreto na mão e entra, batendo a porta: era o panfleto. Abro-o: era em verso. Mas não tive tempo de ler muito: uns vinte homens nos cercaram, não tinham armas, mas punhos que abateriam um boi e não estavam brincando. Dessa vez, eram os grevistas. Felizmente

---

10. Setor da polícia italiana. (N. do T.)

reconheceram-me. Levaram-me ao pequeno restaurante que lhes serve de quartel-general. Resistiam há três semanas, quase sem comer, com punhados de arroz e massa que recebiam de Nápoles. Se resistirem ainda um mês, ganharão. Providenciei em Palermo para que lhes enviassem víveres. Eu tinha passado quatro horas nesse lugarejo. Quando voltei a Isnello, a multidão continuava a gritar, e Impelleteri passeava pelas ruas sob o guarda-chuva do prefeito. Deram dois mil dólares ao orfanato.

O PANTEON E OS MARINHEIROS

Desde quinta-feira estou hospedado num hotel de padres. Em volta é o bairro de Saint-Sulpice: conventos, acessórios edificantes, alfaiates eclesiásticos. Tenho como vizinho um padre de cabelos negros que ronca a partir das dez horas e canta de manhã cedo enquanto faz a barba; através da fina divisória escuto a lâmina de barbear raspar seu rosto.

Oito e meia. Visto-me e saio. Céu puro; batalha de *rugby* sob o pórtico do Panteon: nuca baixa, cotovelos rentes ao corpo, cabeça contra cabeça, marinheiros americanos fazem um círculo; no alto do feixe puseram uma cabeça oval que fala; eles a lançarão ao ar ao primeiro apito e correrão entre as colunas para pegá--la. (*1942: em fila de quatro, os camponeses alemães davam a volta atrás de um guia na praça do Tertre.*) Em todos os grandes quartéis-generais do Ocidente, perto da última mundial, oficiais de intendência que não se conheciam inventaram o turismo militar e fizeram com que fosse adotado pelos estados-maiores. A guerra como meio de cultura: mostram-se ao soldado ruínas, para incentivá-lo pelo exemplo. A Fleet sabe desde ontem que Roma deve uma parte de seu rendilhado aos soldados do Santo Império que a pilharam; logo serão empurrados para a grande sala circular, sob a cúpula, e dirão em seus ouvidos que os Orsini por muito tempo estiveram aquartelados ali, aprenderão assim que todo prédio público é uma caserna sem saber que é. O militar é obstinado: em todo escombro pressente o monumento futuro; chegada a hora, fará sua parte do rendilhado. A cabeça fala: "Dezesseis colunas monolíticas... doze metros e cinquenta de altura...". Esses marinheiros são moças: têm a coxa longa e a bunda pequena, o quadril estreito, as faces em flor. Abrem-se em leque, deslizam pelo piso como *girls*, descobrindo o guia, longo intelectual famélico no fundo de seu estojo; dispõem-se em semicírculo, cada um se apoia com o cotovelo no vizinho, contemplam as dezesseis colunas em divagação respeitosa. Romanos param na praça, e os olham; olho os romanos olhá-los. (E isso não para aí: estou certo de que me espiam.) Os marinheiros têm olhos de lã, acham que Roma é uma grande aldeia mexicana e que essas ruínas são insólitas no meio da praça; os romanos têm olhos de pássaro, acham que esses marinheiros são insólitos no meio das ruínas. Os marinheiros pensam em suas mães, belas senhoras que dançam nos aniversários; para ser venerável, é preciso que um objeto de arte se pareça com elas: que esteja fora de moda, mas que ainda seja usado. Uma igreja é perfeita: aí se diz a missa. Mas um templo? Os romanos pensam que a cultura está morrendo. Esse jovem e gordo *signore* cor de azeitona carrega uma pasta de couro; leu ontem na *Fiera Letteraria*: "Salvar a cultura. O problema n. 1 para o pensador contemporâneo". Li o artigo e isso me fazia rir: não se salva a cultura, faz-se a cultura. Mas teria sido necessário traduzir: o problema n. 1 para o italiano é salvar sua indústria nacional, o turismo. Sob que forma tornaremos a pedra digestível para esses novos estômagos? Trata-se de vender passado por dólares a pessoas que não estão nem aí para o passado. Ah! sei muito bem, eu, o que é preciso fazer, o que eles acabarão por fazer, o que já começaram: reconstruir uma bela cidade leve e nova, americana, com ruas retas, com jardins; só manter nas praças bem floridas o essencial, alguns monumentos-testemunhos, uma amostragem bem-feita. Os fóruns imperiais reduplicam o fórum romano: preservar apenas um. Derrubar as termas de Diocleciano, já que as de Caracalla estão mais bem conservadas; salvar o Coliseu, mas sacrificar o teatro de Marcelo. Deixar bem visíveis as sete colinas e numerá-las: vi australianos que queriam ser reembolsados por só terem visto seis. Gravar um discurso do papa, que começaria a tocar quando se empurrasse a Porta de São Pedro; construir no alto do Monte Mario um diorama gigantesco que represente a Roma antiga; pôr o tempo todo, de dia e de noite, aviões e helicópteros à disposição do turista para que ele veja a cidade do alto. Mas sobretudo esterilizar, desinfetar, desodorizar; arrancar os cacos de dente, obturar os dentes cariados que se erguem contra o céu, pôr coroas e pontes, em suma, dar a impressão de que esse velho maxilar pode servir ainda. Os novos turistas têm fechado no fundo de seu coração o horror de morrer; que essas ossadas no deserto não venham de modo algum a lhes lembrar que se morre. E já que a morte, lá, são férias familiares, um acontecimento de boa companhia, que os italianos façam de Roma um *"Funeral Parlour"*. Ponham as ruínas no cetim, na seda; enfiem em uma cidade-bonbonnière essas amêndoas confeitadas. Os europeus vinham sonhar com sua morte no Coliseu. Mas os europeus não têm mais dinheiro, e os turistas de hoje não têm o sentido da morte. É preciso encontrar novos motivos para gostar das ruínas ou morrer. Em Forest Lawn encontrou-se um emprego para as antiguidades: os Apolos e as Dianas substituem os anjos desempregados nos túmulos, porque os mortos antigos são muito menos mortos vistos de Los Angeles que os mortos cristãos; passaram em parte ao imaginário; e ainda se afasta a ideia desagradável do Juízo e do Inferno. Mas com a condição de que as ruínas, do outro lado do Atlântico, não persistam em querer provocar o *frisson* sagrado diante da Morte. Essa obstinação ameaça precipitar no desemprego, às centenas de milhares, as estátuas, estelas e capitéis. Essas colunas, afinal, foram feitas em série; com que direito pretendem a singularidade? São os acidentes que tornaram esta única no mundo: única como um corcunda, um manco, um amputado; deixaram-na cair. Em suma, é a morte que a torna inimitável; ela saiu, avermelhada e com craquelês, do incêndio de um templo. Morto, o templo ainda está em torno dela. Em suma, ela nos reflete o casamento do Singular e da Morte, união tão cristã que os ianques com razão escondem tanto quanto podem; mas que nós, cristãos europeus, adoramos. Colunas romanas que refletem para cristãos sua morte cristã — eis as ruínas entre Volney e Barrès. Mas é preciso que isso mude, justamente; para o americano, um certo número de diferenças separam o homem da tartaruga elétrica: a transpiração, a prisão de ventre, os odores da boca e das axilas, o incêndio e a morte. Ele tenta reduzi-los tanto quanto possível e não mencioná-los, por enquanto. Não se sabe mais fazer essas ruínas, e, para dizer tudo, não se sabe nem se saberá jamais fazer ruínas. Mas não o diga. Não lhe diga que jamais se poderá reconstruir o templo de Júpiter Capitolino: perdeu-se um segredo para sempre, ele poderia entrever o irreparável e ficar com medo. Incentive-o a acreditar que as ruínas são produtos de uma indústria florescente.

 Diante disso, você responderá sem dúvida que ele está totalmente persuadido e que há fábricas de colunas coríntias em Massachusetts. Então o persuada de que ele está diante de protótipos. Que ele passeie entre as pedras, entre os túmulos como em uma exposição de arquitetura, na intenção de dar uma olhada nas maquetes que lhe darão uma ideia para sua casa de campo:

coluna de Focas, perfeito, quais dimensões, 55 pés. Será preciso reduzir isso para mim a 35. Vou pôr uma de cada lado da porta de minha casa colonial. É o estilo colonial, o antigo. Sei. Está perdido. O turismo parte da ideia de que a morte é uma perda sem contrapartida e que se pode, pela meditação piedosa, medir-lhe a extensão. A morte, o esquecimento, o irremediável, as penas de amor perdidas, as ocasiões perdidas, eis os alimentos quotidianos do turista. O turismo é uma flor do Mal. Mas esses Abel louros, obcecados com o ódio de um só Caim, não acreditam no Mal. Se você pensar que nossos avós tiveram preferências e prazeres que nós não conheceremos jamais, nem nossos filhos, você pode ser um cliente para a Itália. Mas, se você acredita que o vinho de Bordeaux é melhor hoje do que em 1780 e que de resto nessa época não havia propriedade nem denominação controlada, se você acredita que posso usufruir de todos os gostos de que eles usufruíam e que eles não podiam entrar num avião, então você prejudica o comércio italiano.

Metamorfoses

6 horas da tarde

Concerto no Coliseu. Donizetti, Verdi, Rossini, diz o programa. E também: "Esta noite, o Colosso será iluminado como na época dos mártires". Puseram um piso sobre a arena; poltronas, cadeiras; chego ao meu lugar, na 15ª fila, desconcertado por andar sobre essa pista, *clown*, touro, cavalo adestrado, mais desconcertado ainda por não respirar o cheiro da serragem. Proibido fumar, todo mundo fuma; acendo um cigarro. "Proibido fumar": o cartaz está pendurado no palco. Irritação ou pudor, um romano joga seu casaco por cima, cobre-o. Nas galerias venta muito, mas nossas fumaças sobem direto para o céu. Na plataforma, recoberta de verde e ladeada por duas estruturas que sustentam projetores, os músicos estão sentando. Uma multidão vestida de luto sobe por trás deles, viúvas de guerra e grandes mutilados, vai aglomerar-se sob a cruz dos mártires, é o coral. Os Scampoli, mas não cara amiga os Scampoli estão em Paris, Lulu Scampoli estava em Veneza para o festival. Stravinsky. Sim. Ah, sim! Sim, sim, sim, sim, Stravinsky. Ele envelheceu, é o que acho. Eu lhe direi que é um homem extraordinário. Falam em torno de mim uma língua morta, como em Capri; palavras francesas flutuam entre as cadeiras, mortas, de barriga para cima. Beija-mão à esquerda, beija-mão à direita. Rostos de luxo com roupas caras. A de meu vizinho é de seda crua; sua mulher é menos favorecida; para lhe fazer um rosto contentaram-se em jogar um colar de pérolas sobre uma toalha felpuda. Quem então jogou a boa sociedade romana no fosso dos leões?

Nas galerias, na rampa dos terraços, entre os pequenos degraus correm pescadores de macacão. Saltam de pedra em pedra para atravessar os cursos d'água, param de repente e lançam a vara de pescar: na ponta da linha um peixe vermelho surge e se agita. Esses jovens vão se matar: descem ao precipício para colher ciclâmens. Eis dois que se agacham na rampa e mergulham os dedos em uma caçarola negra. Retiram a mão rapidamente: entre o polegar e o indicador brotara uma cenoura muito quente; ela fica na caçarola, a se revirar como uma língua. Em um instante o Coliseu é uma cesta cheia de apaixonados e de pescadores, todos de azul; sob seus passos, sob seus bastões, sob seus dedos nascem chispas em xadrez; desloco o pescoço para vê-las todas; é uma ocasião rara para um turista: Nero, Domiciano de seus camarotes viram essas rampas vermelhar florir. Em seus vasos, as faíscas estalam e giram, o vento as puxa pelos cabelos, elas se desfiam em tranças cinza nos ares, depois, abandonadas de repente, se abatem sobre o flanco, se erguem e se põem de novo a saltar; a fumaça espuma na beira do defumador, rola sobre ela mesma, se estende, se estira, acaba por flutuar por sobre cabeças em camadas leves ou então se arredonda e se torce em anéis; enormes anéis de fumaça sobem em direção à Ursa Maior, o Coliseu faz círculos. Sobre as claridades ruivas que tingem os tijolos jogaram echarpes de tule negro; elas tremem, a luz treme; sombras não param de pular para trás, ofuscadas, e de voltar a passo de lobo; o anfiteatro balança suavemente. Acima de nossa cabeça, entre as arcadas, um céu verde. Suas fosforescências atravessam ainda as chamas que sobem pelas colunas; contra o céu, essas chamas são espíritos: pode-se vê-lo em transparência. Mas a toalete se completa: apaga-se o céu, pintam-no com uma tinta escura; as chamas adquirem corpo, bordam no tecido espessas vírgulas de gema de ovo. Alguma coisa acontece com o Coliseu. De dia, sob a fixidez do bloco solar, não é mais que uma carcaça; os veículos o roçam, crianças sobem nele, a multidão o invade por seus buracos: fica inerte, isso não lhe diz respeito. Esta noite, ele vive. Ela se insinuou pelo lado oposto, a fria claridade sideral dos faróis e dos sóis que cai de um outro mundo ou de um andaime, como um olhar de alienista, e avalia as coisas prestando bastante atenção para não entrar no delírio dos doentes. Falta eletricidade em toda parte; mas o Coliseu, justamente, se ilumina por si mesmo; suas raízes vão buscar na terra uma impura luz bruta, transformam-na em suco orgânico, essa linfa áspera sobe por milhares de canais, sua, velho mel enrugado, pelos alvéolos, suja tudo. Ele vive, vacila com todas as suas estrelas, as sombras rolam suas marés pelas praias resplandecentes, seu hálito sobe direto ao céu; pincelado com seus próprios sucos, constelado, se sacode e gira em torno de si mesmo, cada vez mais rapidamente.

É o momento da grande tentação turística: é de propósito que a municipalidade escolheu essa luz usada, que os séculos ensebam; a iluminação à mártir tem como finalidade confessa revestir as muralhas de uma boa camada de antiguidade. "Eles" não se iluminavam assim, tenho certeza. Ou, ao contrário, se iluminavam: tinham esses refletores, essas flores vermelhas, mas seus olhos eram menos exigentes que os nossos e as lâmpadas de arco não tinham roído suas retinas. Nos sonhos, nossos mortos estão doentes, acorrentados, observam-nos com censura; o Conselho Municipal de Roma inspirou-se nos pesadelos de seus membros: ele reconstitui para os estrangeiros uma antiguidade miserável, presa nas dobras de sua penumbra, doente e rancorosa como nossos caros defuntos. Cercado por essa festa sórdida, o turista mantém distância do passado, sente-se orgulhoso de ser francês (ou alemão, ou americano); os pagãos são e continuarão danados; leio nesses muros móveis sua ignorância e seus crimes: gostavam dos jogos sanguinolentos e não conheciam as lâmpadas elétricas. Eu precisaria apenas de um pequeno esforço para alojar nessas galerias uma multidão enfeitiçada, milhares de olhares. E o que esses cinquenta mil espectadores olham? Eis o lance de gênio da municipalidade romana: eles *nos* olham. Em Arles, em Nîmes, em Orange, nossos irmãos triunfantes sentam-se nos degraus da arquibancada. Era preciso ser italiano para ter inventado confinar os turistas na arena. Debruçados nos balcões para contemplar a descendência abastardada dos mártires, os Antigos divertem-se bem; dizem consigo: "Esses cristãos são incorrigíveis; não podem deixar de voltar a esses lugares onde seus pais foram comidos". Nossa obstinação os livra de seus remorsos: se fosse para refazer. "Pois bem, dizem eles, já que querem, que se dê a eles! façam entrar as feras da Numídia." Assim, entrevejo, nas galerias, figurantes voluntários que pagaram para fazer os Velhos Romanos. Italianos pobres: o melhor lugar é o do cristão; para fazer o papel do pagão você paga quatrocentas liras e oitocentas para fazer o do mártir. Isso tenderia a provar — como eu tivera o pressentimento — que a componente masoquista domina claramente no turista de hoje. Um toque de gongo: o concerto começa; um homem, de pé no estrado, bate o compasso; mas não ouço um som, tudo isso não passa de um sonho. Um sonho de mártir. Meio morto de medo, deitado na areia amarela, espero as feras; não posso suportar a espera, o Céu me envia uma alucinação devota: a Cruz; fugi para o futuro, sonho com o triunfo da Igreja, com o Coliseu futuro: nele se fará música no próprio lugar onde vou morrer.

Pego em flagrante delito de turismo: no anfiteatro Flaviano não se comia o homem, matava-se a fera. Mas o turista é rei do mais ou menos:

— Você negaria que os imperadores jogavam os cristãos às feras?

— Não o nego.

— Que essas execuções tivessem lugar nos anfiteatros?

— Não poderia.

— Basta. Pouco me importa que o Coliseu não tenha tido seus mártires: é sobre os mártires que se medita no Coliseu.

Turista, meu irmão, você entrega a Presa para a Sombra porque a Sombra é mais distinta; você escamoteia as senhoras do coral e as substitui pela sombra de um monte de coxas cristãs; sobre a sombra de uma areia, à sombra de um sol, você faz correr a sombra de um sangue. Não é que você seja cruel nem que deseje *ver* essa antiga carnificina: você quer que ela tenha ocorrido, aqui mesmo, sob esse piso, que ela tenha estado, um dia, tão vulgarmente presente quanto esse paletó multicolorido de seu vizinho, para poder encantar-se com sua ausência e para que ela esvazie tudo. Um reflexo lhe esconde o mundo, esse reflexo habita uma água louca que jamais deixará de turvá-lo; ora, é o mundo que turva a água, por consequência o reflexo. A miragem apaga o real que a apaga; e esse combate duvidoso nunca tem saída; será possível aproveitar-se dele para pôr esse casal entre dois bons parênteses: e que ele não saia daí. Em uma palavra, a burguesia acha o ser muito pesado: ela o incha de vazio para que ele flutue. Bem entendido, há várias qualidades de vazio. Se você enche o ser de passado, tem direito ao título de turista e pode mandar bordar nos forros de sua roupa a divisa turística: "Ao novo preferirás o antigo, e ao antigo seu antigo estado de novo".

Há muito que não sou mais distinto, se algum dia o fui, há muito que um turista agoniza em meu coração. Agora só aceito as pratarias de ser maciço; só gosto do que é. Talvez porque eu sinta que todos vamos morrer e que enterrarão conosco nossos cenários, nossos móveis e nossas paisagens. Todas essas ruínas estão mortas para rir: amanhã serão apagadas da terra; se é por isso que me interessam, pode ser que eu faça simplesmente turismo às avessas. Mas não. Nós e nossas muralhas estamos prometidos juntos à destruição mais radical: um mesmo sopro volatilizará esses tijolos e transformará nossos corpos em corrente de ar. Em memórias irritadas nossos nomes e o do Coliseu se dissolverão ao mesmo tempo. Isso cria vínculos. Não tenho mais tempo de sonhar com as antigas caravanas diante de uma velha mandíbula romana encalhada no deserto. Essa grande gola vermelha me fala de mim, dos meus, de meu tempo que se vai e não voltará; ocorre-lhe que serei um dos últimos a vê-lo, a pensar nele e que, em seguida, ninguém falará mais dele nem de mim, ele me pertence. Delicio-me com uma cratera habitada, enfumaçada, avermelhada, viscosa de luz e de seus mil ricos, meus irmãos inimigos, que deixaram seus apartamentos (água, gás, eletricidade, aquecimento central) para se sentar em cadeiras de ferro, tremer com os primeiros frios do outono e *não ouvir* uma música que sabem de cor. A essa hora do dia, Einaudi fala aos sinistrados da Sicília, os operários da Gubbia fazem sua centésima vigésima refeição nas oficinas ocupadas, os desempregados da ilha de Elba estão sentados no porto e olham o mar desaparecer na noite. Aqui, no fundo de um vaso de terra rachado, escurecido por velhos ragus, desenvolve-se uma cerimônia sagrada. Em torno de nós o solo se afunda sob o peso dos mortos de fome; mas essas altas muralhas nos protegem: mil cabeças se ergueram, tiraram seus pavilhões de cartilagem e se orientam hesitando, para pegar o som. A imagem de nossa Europa, talvez. Não analiso. Mas gosto disso. *Cf. p. seguinte*.[11] Sobre o estrado aparece uma cantora, trágica, os lábios azuis, abre a boca mas o espaço se joga sobre essa Cassandra, enfia-lhe seus gritos pela goela, sufoca-a: não é esta noite que saberemos de nosso destino: a mulher se debate, expira, desaba em sua cadeira, balançando os braços; viúvas e mutilados se levantam num único movimento e a olham com consternação, de boca aberta. Ouço as buzinas dos automóveis que seguem pela via Labicana e então, de repente, um pequeno jato de música jorra, é inacreditável que cinquenta trabalhadores transpirem para produzir esse ligeiro rangido. De resto, o buraco é logo fechado, a melodia se estrangula, cai morta a nossos pés; durante alguns minutos usufruímos de um silêncio religioso. Olhos fechados, orelhas túrgidas, meus vizinhos estão à escuta: mas se poderia dizer que procuram a música no fundo deles mesmos. É ali que ela está, aliás: no fundo dos corações mil discos giram e tocam a grande ária de Otelo. Eis a solenidade mais pura; nada falta nela. O lugar: monumental; a iluminação: feérica; os executantes: excepcionais; a plateia: enlevada. Uma única ausente: a música. Não se ouve *nada*, *nada* acontece. Que superioridade sobre nossos concertos sinfônicos: entre nós também as pessoas se reú-

---

11. Essas palavras parecem indicar que o autor tinha a intenção de inserir aqui uma outra passagem, que não se encontra no manuscrito.

nem na sala Gaveau, na sala Pleyel, para serem levadas em conta, reconhecerem-se e para saciarem sua necessidade de respeitar; mas aqui, pelo menos, a orquestra não incomoda.

O coral vota proposição após proposição com um senta-levanta; uma bela jovem aparece, deixa cair seu casaco de lontra, chega a riscar o silêncio; ouve-se, muito ao longe, sua enorme voz pura, como um chamado na montanha. Esse feito é muito aplaudido. A julgar pelo programa, toca-se agora a abertura de Guilherme Tell. E, assim, estrondos melodiosos parecem anunciar a célebre tempestade suíça. Mas de repente, mil cabeças se voltam para o norte e se inclinam ligeiramente enquanto duas mil fendas se entreabrem em globos úmidos e rosas: na galeria superior, soltam pombas, cortina de fumaça branca e circular, que turbilhona, espuma e se lança no ar com uma tal violência que se diria uma cascata invertida; uma mancha de sangue aparece, estende-se, nada de pombos, adeus cascata: fica um curativo de algodão maculado; o sangue se evapora, logo substituído por sinistros clarões verdes e vermelhos. O sentido dessa manifestação me escapa. Parece que é a recompensa do público: todo o mundo sorri diante dessa loucura bem italiana; a abertura de Guilherme Tell acaba no meio da indiferença geral. Ela, aliás, chegou ao fim? Não sei. Vejo as pessoas se levantarem, levanto-me. *Ite missa est.*

Fora, caio de uma altura de dez séculos, entre altas muralhas bárbaras; isso não dura: de repente: o Fórum.

Aí vêm eles! Aí vêm eles tranquilamente; não me esperaram para saber o que tinham de fazer. Domingo à noite vestem o Fórum à americana: puseram-no sob holofotes. As luzes rasantes e em câmara alta ou em câmara baixa desbastaram a pedra: semearam-se ruínas inteiramente novas, de um branco untuoso e um pouco gorduroso, no meio de folhagens de papel, de um verde technicolor; como tudo é glamoroso, esta noite. E fácil. Fred Asteire, de fraque, vai sapatear no alto da coluna de Focas: Louis Jourdan com uma clâmide se curvará sobre Rita Hayworth que desfolhará na água negra as rosas das Vestais, enquanto Sinatra, fazendo Antinoüs, sozinho no meio da basílica de Constantino, cantará:

— *Love is just a little bit of heaven*.

Eu sei: fazemos a mesma coisa; vi, nas noites de festa, Notre-Dame de pedra-pomes, áspera e leve sob os projetores. Mas o Fórum de galalite, é demais...

Há pouco ainda, sob o grande olho maléfico do sol, ele contava a morte do homem. Mas essa luz limpou os musgos e ferrugens da Natureza. O Fórum, esta noite, *é uma imitação barata*. Quem fala em morrer: Graças aos progressos da Ciência, pode-se pôr as ruínas em conserva, preservar-lhes a juventude e a alegria. Eis as *girls* da Navy, em buquê, que contemplam o arco de Severo e lambem *ice-creams* com ar tranquilo; balançam a cabeça, riem, esqueceram a gafe da manhã. O que lhes dá então assim a sensação de estarem em casa? É verdade...

"Acentua-se a riqueza do quadro a fim de que o morto pareça ter subido de repente alguns degraus na escala social. Um trabalho meticuloso e científico transformou seus despojos. O corpo é antes de tudo embalsamado por meio de um líquido sob pressão que é injetado nas artérias... Depois, ele é lavado, barbeado, penteado, se necessário maquiado. Finalmente vestem-no... Roupas de bom corte acabam de dar ao defunto a aparência de alguém vivo."

O Fórum dos domingos é o primeiro "*Funeral Parlour*" que se importou na Europa.

Eu, no entanto, "maravilhado, encantado", como diz minha prima, muito divertido por esses múltiplos acontecimentos. Por que eu recusaria essa nova metamorfose do Fórum já que não penso que haja no mundo aspecto privilegiado? Esse fórum de pedras falsas, esse falso fórum de estúdio é tão verdadeiro quanto o verdadeiro. Qual é a metamorfose? No fundo, a mesma que sofre o alimento no México, onde a carne se torna carne de última categoria insossa e morta, e de repente o legume, tecido conjuntivo habitualmente, se isola em uma individualidade gritante e lírica de queima-goela. Comem-se legumes loucos em um acompanhamento de animal morto. Ponhamos aqui o contrário: as pedras florescem, se tornam pálidos cravos, e o verde se torna apenas o enchimento e a caixa da embalagem. Não me incomodaria que as pedras se abrissem aos raios de um farol. No fundo a mentira desse Fórum é que ele é falsamente falso. Tivemos o contrário: durante a ocupação, o velho parisiense se alegrava com o luar. Finalmente, via-se Paris natural, sob um céu de aldeia. Natural? Mentira: uma Paris tão falsamente verdadeira quanto esse Fórum é falsamente falso. Pois não era preciso nada menos que uma guerra mundial e nessa guerra o uso de uma certa arma aérea, portanto um certo estado da indústria, das técnicas, da Ciência, da sociedade, para produzir essa morte artificial de Paris e esse astro aldeão acima dela. A lua era social e de um efeito um pouco rebuscado. Essa iluminação não é nem mais nem menos social, mas é mais *normal*. Não seria normal que os conselheiros municipais em 1951 buscassem os candeeiros cheios de fumaça de Tibério ou a lua para a iluminação atual; é normal, ao contrário, imediato, conforme ao primeiro movimento, que se utilize a eletricidade. O que sinto é simples: seria inadmissível que o Fórum fosse assim constantemente, roupas de baixo de puta sobre a pelúcia de um tapete verde. Mas se estou bem certo de que o encontrarei em sua austeridade todos os dias entre 9 e 15 horas, agrada-me ao contrário que ele se anime, sorria, faça uma piada, dance. O Fórum está um pouco bêbedo, isso me agrada. Isso agrada aos romanos também. Isso os diverte. Estão ali; olham e ao mesmo tempo se despedem uns dos outros, têm o ar feliz, sob a grande massa negra e furada por claridades do Capitólio.

Entre nós todos os anúncios luminosos se encontram em prédios 1880. A distância não é grande, apenas a do gás de iluminação até a eletricidade; uma mesma burguesia se deu seu próprio conforto. Mas esses broches modernos espetados nos palácios dos séculos XVI e XVII permitem medir uma distância enorme, e em um sentido é o ideal: um luxo que produz seu conforto. Ruskin teria gritado. Mas se é preciso reconhecer que sobre os palácios de pedra florentinos esses anúncios estariam deslocados, aqui, por causa do aspecto truque de ilusionista que Roma tem, isso não incomoda. É aliás o moderno que não incomoda, que é discreto, pequena concha que se incrustou no pé dessa velha parede, dessas ruelas dignas.

Tem-se a impressão de que toda a secura pulverulenta do dia (gesso) vitrifica-se à noite em luz. Esses vapores vermelhos, prateados, são transubstanciações, é a leveza secreta dos palácios, sua generosidade.

Canteiros de capuchinhas[12]

Três horas: a tempestade me surpreende na Nomentana, no noroeste da cidade; é uma cólera de pássaros: turbilhão de plumagens, piados, penas negras voando até o céu. Quando a calma se restabelece, tateio meu paletó: está seco; já um sol de palha fura o algodão cinza-azul das nuvens. A oeste, larga e deserta,

---

12. Sequência publicada em *France-Observateur*, n. 115, de 24 de julho de 1952, retomada em *Situations*, IV.

uma rua sobe entre as casas e acaba no céu. Não resisto nunca ao desejo de escalar essas pequenas dunas para descobrir a outra vertente. A mais bela da Europa é a rua Rochechouart quando é olhada do bulevar Barbès; do outro lado da garganta, pode-se supor o mar. A chuva recomeça a cair; subo sob os chuviscos; da crista uma corrente de betume desliza e vai se amontoar contra o branco malsão de uma parede. Esse parede põe fim à impostura romana: além, um canteiro de couves, praia de luz ácida, último vestígio do homem; e depois o deserto. O deserto sob a chuva. Muito longe, a tinta azul-escura dos montes Albanos tinge o céu. Essa cidade de terra está mais só no meio das terras que um barco no mar.

Táxi até a via Vittorio Veneto, outonal e burguesa. A rua dos estrangeiros ricos. Mas os estrangeiros ricos se escondem em seus hotéis. No passeio e nos degraus de Santa Maria Immacolata, os plátanos sacudidos pela tempestade deixaram cair folhas com as cores das muralhas romanas: seria de pensar que os palácios estariam na muda. Ocre, vermelho-vivo, amarelo de cromo nas poças: marinada de peles mortas. Santa Maria Immacolata é a igreja dos capuchinhos. Entro. Nave deserta. Silêncio, vazio. Sem barulho, são Miguel esmaga a cabeça do Diabo; em torno do altar lustres dourados pavoneiam-se. No fundo e à direita, perto da sacristia, antecipando minhas perguntas, um capuchinho mal--humorado põe o índice esquerdo nos lábios e, com o direito, me indica uma escada que se enfia sob o chão. A mão esquerda, um instante suspensa, se arredonda, côncova se lança contra meu estômago; dou vinte liras e passo; desço alguns degraus e me encontro em uma galeria de catacumbas; é o porão. Não; a parede da esquerda tem janelas com grades: estou em um corredor de hospital. Ambiguidade bem italiana: eis-me no térreo sob a fria claridade do outono e no subsolo sob a claridade amarela das lâmpadas elétricas. À direita, o corredor passa por quatro pequenos cômodos de tamanhos diferentes, as capelas mortuárias, espécies de alvéolos protegidos por balaustradas baixas que me evocam ao mesmo tempo a Mesa Santa e os cordões que impedem o acesso aos salões em nossos castelos nacionais. Assim, tão logo me aproximo, essas capelas se tornam salões. Quatro pequenos *boudoirs* rococós cujas paredes, brancas sob a sujeira, são flanqueadas por nichos escuros, alcovas ou camas-divãs em sua metade inferior e, na parte superior, decoradas com arabescos divertidos e simplórios, rosáceas, elipses, estrelas executadas de modo bastante grosseiro. A única originalidade dessas decorações e desse mobiliário é a sua matéria: osso. Quanta engenhosidade: para fazer um anjinho, um crânio e duas omoplatas serão suficientes; as omoplatas serão as asas; superpondo com gosto os crânios e os fêmures, você obterá nichos em rocalha; os velhos lustres, os próprios, que deixam escoar uma luz empalidecida pelo dia, são feixes de tíbias suspensos no teto por correntes. Cada *salotto* tem seus habitantes: de pé, diante de sua cama, um esqueleto com vestimenta de burel me cumprimenta; uma múmia se ergue em seu leito; seria de pensar que esses mortos estão à venda: trazem etiquetas nas roupas; mas os preços não estão marcados: apenas o nome e a condição. Acima de minha cabeça, eis a Morte, com foice e ampulheta, que plaina: não sei se nada ou se voa, mas em torno dela o ar se coagula em uma inquietante gelatina. Entre as três paredes de cada *salotto*, sob um húmus escuro, de um grão brilhante e cerrado — pó de antracito ou caviar? — repousam os monges mais favorecidos. Esse húmus é da Terra Santa: uma inscrição nos avisa sobre isso na parte horizontal de uma cruz plantada bem no meio do canteiro santo como as estacas que indicam as espécies no Jardim das Plantas. *Terra Sancta*: espécie de tufo, desconhecida em nossas regiões: encontra-se sobretudo na Palestina; variedades em Lhassa, Meca etc. Contemplo as incrustações barrocas da muralha e me pergunto por que razão esses capuchinhos quebraram o ciclo do azoto e subtraíram esses produtos orgânicos à dissolução. Queriam mostrar que tudo canta a glória de Deus, mesmo as flautas singulares de que somos feitos? Eu queria acreditar nisso. Mas por que essas exceções? Sobre esse monte de achas que foram homens por que sentar esse esqueleto? Por que dar a esse prior cuidadosamente reconstituído essa cama de ossada? A mortos que são pó e caretas os vivos submeteram outros mortos. Isso me lembra um cartão-postal que eu contemplava em minha infância na vitrine de uma papelaria do bulevar Saint-Michel: de longe, era a cabeça do Pequeno Cabo.[13] De mais perto a cabeça pululava, tornava-se um emaranhado de larvas; de mais perto ainda, as larvas eram mulheres nuas. Prazer de humilhar os grandes homens: o olho do vencedor de Austerlitz não era mais que uma bunda; prazer de humilhar a mulher: a mais bela do mundo, comprimida contra muitas outras, só é digna de servir ao macho como tecido conjuntivo. Não é Deus que encontramos nessas capelas, é a imagem de um círculo infernal: a exploração do morto pelo morto. Ossos abrem-se em leque em torno de outros ossos, todos parecidos, que figuram essa outra rosácea: um esqueleto. Assusto-me; alguém falou perto de mim: é verdade! com fêmures, tíbias e crânios, podem ser feitos também homens. Um gordo italiano de olhos ferozes deixa-se cair sobre um joelho, faz o sinal-da-cruz, ergue-se rapidamente, escapole. Duas francesas se dividem entre a admiração e o terror.

— Minha cunhada ficou impressionada, eu não acho isso impressionante; isso lhe impressiona?

— Não, isso não me impressiona.

---

13. Em francês, Petit Caporal, como era frequentemente referido Napoleão Bonaparte. (N. do T.)

— Não, hein? É tão...
— Tão arrumado. Tão bem apresentado.

Bem apresentado, sim. E depois, sobretudo é feito de nada. Picasso ficaria encantado, imagino. "Uma caixa de fósforos! dizia ele um dia. Uma caixa de fósforos que seria *ao mesmo tempo* caixa de fósforos e rã!" Ele gostaria desses cúbitos que são ao mesmo tempo cúbitos e os raios de uma roda. Na verdade, essa obra-prima vale mais ainda pela matéria do que pela forma. Matéria pobre mas que é suficiente para provocar horror. Não é de fato quebradiça, nem friável; e no entanto como permanece frágil: tem essa vida baça dos pelos que continuam a crescer depois da morte. Se eu tentasse quebrá-la, ela se racharia longitudinalmente em minha palma, feixe de lascas que se dobrariam sem se romper. Diante desse revestimento duvidoso, morto e vivo, áspero e liso, retraio-me, enfio as mãos nos bolsos: nada tocar, nada roçar. Fechei hermeticamente a boca, mas há sempre essas malditas narinas: em todos os lugares suspeitos elas se dilatam e a paisagem entra por elas sob a espécie de um cheiro. Desconfio de um cheio de osso, uma mistura: um quarto de gesso velho, três quartos de percevejo. É inútil me dizer que sou eu que o fabrico, nada a fazer: tenho 4 mil capuchinhos no nariz. Pois foi necessário desenterrar 4 mil um a um. Localizo em torno de 1810 a agitação germinal que liberou esse lirismo sádico entre corretos religiosos e que os obrigou a correr de quatro farejando a terra santa para descobrir essas trufas enormes. Parece que seriam encontrados outros exemplares. Em Palermo, disseram-me. A ordem dos Capuchinhos, no fim da ocupação francesa, deve ter tido um velho ataque de pré-romantismo.

— Eles não têm o direito!

Inquieta e furiosa, uma mulher muito bonita para no último degrau e se volta para seu marido, mais velho, que desce atrás dela.

— Eles não têm o direito!

Ela falou muito alto: as francesas olham para ela com reprovação. Constrangido, o velho marido sorri com ar de desculpa.

— Bem, são monges...

Ela ergue para os anjinhos os belos olhos cheios de rancor:

— É proibido — diz ela alto.

Sorrio para ela; ela tem razão: é proibido. Resta saber por quem. Pela cristandade, talvez; mas não pela Igreja, que tira proveito desse moralismo. No entanto, certamente não é cristão brincar de quebra-cabeça com um ossuário; violação de sepultura, sadismo, necrofilia: o sacrilégio é flagrante. Meus compatriotas fazem o sinal-da-cruz: essas mulheres são vítimas de um mal-entendido: vêm respeitar a morte nos lugares onde ela é injuriada; eu as desculpo: têm talvez, sob o vestido, meias gastas no joelho pelos degraus da Scala Santa; talvez tenham visto, nesta manhã mesmo, os telegramas que se amontoam, em Santa Maria di Aracoeli, em torno de uma boneca envolta com um tecido dourado; em Roma é preciso ter a cabeça no lugar para distinguir a religião da feitiçaria. Se essas mães de família, inconscientemente, não se tivessem transformado em feiticeiras, não confundiriam o *frisson* que as afaga com a devota aversão que os pregadores inspiram quando pintam a decomposição da carne. A altiva condenação do corpo que aparece em certos quadros espanhóis — eis um bom catolicismo. Que se mostrem os monarcas roídos pelos vermes, no momento certo: as larvas fazem para sua púrpura lacerada uma sobrepeliz trêmula e sedosa, tufos de macarrão saem de suas órbitas e apesar disso, por causa disso, esses corpos continuam sendo nossas horríveis imagens: são homens que se decompõem, a morte é uma aventura humana. Em suma, é permitido a você escarnecer da carniça mas exclusivamente até o osso. A carne corre de lado e libera as favas que se escondiam nesse bolo de reis; depois disso, alma no céu e mineral na terra, você ganhou o repouso; considere antes a morte tranquila, o trespasse vaidoso de que são testemunhas os ossos femininos do cemitério protestante: essas solteironas são mineral puro. Mas aqui, a gangrena capuchinha ataca o osso. Que heresia! Para se encarniçar nesse relevos apodrecidos, é preciso acreditar que reste neles uma alma. E que ódio! Esses capuchinhos são os tios-avós da multidão milanesa que esbofeteava Mussolini morto e pendurado pelos pés. A morte é um escândalo para o ódio: privado de sua presa, ele fica estupidificado diante do cadáver odiado, como um homem a quem se acaba de fazer com que deixe de soluçar. Esses monges conservam os despojos humanos para fazer durar seu prazer; impedem o homem de tornar-se coisa para poder tratá-lo como uma coisa, arrancam os ossos a seu destino mineral para poder submetê-los à caricatura de uma ordem humana; são exumados com grande pompa para fazer deles material de construção. Os religiosos consideravam a beleza como diabólica quando ela vinha do século; transformam-se em estetas quando se trata de preferir tudo, mesmo o belo, a seu próximo; decoram suas capelas com o homem, tal como os guardas de Buchenwald faziam abajures de pele humana. Aproximo-me de um cartaz, leio: "Proibido fazer inscrições nos crânios". Ora! por quê? Poltronas, sofás, rocalha, lustres, altares portáteis, por que esses ossos não serviriam também de papel, de peso de papel e de mata-borrão? O aviltamento seria completo se se pudesse ler em uma dessas carecas: "Aqui Pierre e Maryse fizeram amor". Mas não: o melhor lance dos capuchinhos é que eles impõem suas vítimas à adoração dos vivos. As duas senhoras foram embora, a bela italiana segue pelo corredor com um lenço no nariz: vou embora, deixo esses restos enfeitiçados por um ódio mais forte que a morte. O capuchinho continua lá, desagradável e barbudo, diante da sacristia; passo sem olhá-lo, um pouco incomodado, como um cliente de bordel diante da caftina: ele sabe o que acabo de ver; meu esqueleto passa diante de seu esqueleto. Saio. Chove. Sob a chuva, todas as grandes cidades se parecem, Paris não está em Paris, nem Londres em Londres: mas Roma fica em Roma. Um céu negro se instalou sobre as casas, o ar se transformou em água e não se distinguem mais muito bem as formas. Mas trinta séculos impregnaram as paredes com uma espécie de fósforo: caminho sob a água entre suaves claridades solares. Os romanos correm em meio a esses sóis afogados, rindo, agitando antigos utensílios cujo emprego não parecem conhecer muito bem, os guarda-chuvas. Dou em uma praça submarina entre carcaças naufragadas. A chuva cessa, a terra emerge: essas carcaças são ruínas: templo, obelisco, em suma esqueletos. Dou a volta ao Panteon saqueado; o obelisco que parece se arredondar é sustentado por um elefante que não tem de modo algum ar de satisfação; esse conjunto africano serve à glória do cristianismo. Eis Roma: ela sai da água, já seca, todo um ossuário danado. A Igreja se encarniçou nesses monumentos antigos como os capuchinhos em seus colegas: quando os papas roubavam o bronze do Panteon para assegurar o triunfo do Cristo sobre os pagãos, era a mesma violação de sepulturas. A Antiguidade *vive* em Roma, uma vida odienta e mágica, porque a impediram de morrer inteiramente a fim de a manter em escravidão; ela ganhou aí essa eternidade dissimulada e de nos submeter por sua vez: se somos tentados a nos sacrificar a essas pedras é porque elas são enfeitiçadas; a ordem das ruínas nos fascina porque é humana e inumana: humana porque foi estabelecida por homens, inumana porque se ergue sozinha, conservada pelo álcool do ódio cristão e porque se basta a si mesma, sinistra e gratuita como o canteiro de capuchinhas que acabo de deixar.

Veneza

A chegada[1]

[*Domingo*]

A morte em Veneza. Excelente chave que Barrès e Thomas Mann forjaram para vocês; com a condição de que vocês afastem displicentemente os 390 mil venezianos, que vocês fiquem surdos aos barulhos da vida popular, uma das mais alegres, uma das *únicas* alegres da Itália, e que vocês ignorem os fastos do estrangeiro. Nesse momento, não há erro, Veneza estará inteiramente morta. Só que, por causa disso, não há uma única cidade no mundo que não se povoará de cadáveres se vocês espalharam sobre ela um punhado de inseticida turístico. Quando o turista matou os toledanos ou os habitantes de Sevilha, a vida volta para se vingar, à noite, pelas mordidas dos percevejos. Não importa: o turista é um homem de ressentimento. Ele mata. Não *sente* os venezianos que ele acotovela, ele não os *vê*. Ou então não estabelece relação entre eles e Veneza, a não ser talvez encontrar o

---

[1]. Escolhemos três versões, bastante diferentes, da chegada do Turista a Veneza, um domingo à noite, 21 de outubro de 1951 A ênfase é posta a cada vez em três temas que figuram nos planos esboçados pelo autor: Veneza província, a lembrança de sua loucura, Veneza espetáculo; no segundo e no terceiro fragmentos, há também, em menor escala, o da presença americana, que ressurgirá em outra parte. Os títulos dos fragmentos nos foram inspirados por esses planos.

perfil de algum doge em um mendigo (maneira horrível de arrasar esse mendigo sob o destino magnífico do doge e de enfeitiçar o doge, de lhe assegurar uma metempsicose dolorosa, de fazer dele uma criatura imortal e decaída).

Esta noite, Veneza se defende muito bem. Aliás, não há mais do que um turista em Veneza, eu. E confesso que, ao chegar à Piazzetta, sob o céu cinza, no frio, tenho a impressão de que é preciso inverter a comparação e falar de uma Amsterdã do Sul. Sob a coluna com o leão, pessoas bem vivas se agruparam em torno de alguns rapazes bêbados de palavras e de cantos, mais do que de vinho, e os olham dançar ao som do acordeom. Os jovens estão em roupas civis, mas trazem o chapéu de feltro dos *bersaglieri* com a pluma. Isso tem jeito de província. Uma província calma e triste que não tem distrações frequentes. Estranha Veneza: empurram-lhe os filmes mais recentes, bailes faustosos, uma estreia de uma ópera de Stravinsky,[2] e ela fica olhando dançar filhos de *bersaglieri* que devem ter se empanturrado pela manhã. No fundo estas é que são *suas* distrações próprias. As outras são para o estrangeiro. A província. A senhora D. me dizia: "Nós deixamos Veneza. É a província. O tempo todo as pessoas estão todas umas em cima das outras. Famílias de nobres arruinados que se vigiam". E então: Amsterdã do Sul e província. Essa era a reação antiturística de 1930. No fundo, o universalismo do capitalismo contra o folclore. O Alhambra, jardim triste e empoeirado. Você pode se distrair com o joguinho. Isso também não é verdade. Seria preciso esquecer os turistas, as festas, a Bienal. E naturalmente, os amores de Byron, a morte de Wagner. Objeto ambíguo: uma província ociosa, bem protegida contra a indústria — e um lugar

---

2. *Rake's progress* (A carreira de um libertino) foi criado no La Fenice de Veneza em 11 de setembro de 1951. É sem dúvida nesse acontecimento que o Turista pensa. A ópera não teve muito sucesso.

internacional, suportando, nem bem nem mal, o mito com que a revestiram. Sim, um veneziano cansado tem o direito de chamá-la de província. Não eu. Nem província nem cidade dos Doges. Não se chega nunca a fazer com que toda uma cidade caiba no passado ou no presente. Esta noite, é verdade, uma pequena multidão provinciana, tremendo no vento frio, diverte-se com espetáculos pueris em uma cidade que está ficando grisalha.

Esta noite, o que é *verdade*, é essa província que sorri para os *bersaglieri* bêbados de palavras e de dança mais do que de vinho. Ripa dei Schiavoni. A laguna. Na suave bruma rosa e cinza do entardecer, a laguna, já negra. No meio da água, a trezentos metros do cais, um muro de cimento armado cinza-claro se enterra na água, reto e inerte. Ele me esconde a Giudecca. É ele, ele apenas que tem o ar de pedra morta. Lâmpadas projetam em leque sua luz sobre essa substância cinza. É um navio de guerra americano. Entro em uma pequena rua. Veneza é uma das únicas cidades que me dão a impressão de ter vivido nela. Em 1934, eu estava lá, louco e infeliz, passeei toda uma noite, perseguido por uma lagosta enorme que saltava atrás de mim. Nunca na vida pensei *verdadeiramente* no suicídio, mas esta noite temia pensar.[3] Parei na beira de um pequeno canal. Diante de mim, palácios mergulhavam na água com todas as janelas abertas para a escuridão. Eu ouvia um estertor estranho que tinha algo de um rugido: era um sujeito que roncava em um luxuoso quarto do outro lado da água. Desde essa noite, sinto-me em casa em Veneza. É o único meio de possuir um pouco uma cidade: ter suportado nela seus aborrecimentos pessoais.

3. Lembrança real de Sartre, mas que se situa sem dúvida dois anos mais tarde.

Certamente Veneza está morta, mas como transborda de vida; é preciso, para se dar conta disso, afastar displicentemente seus 390 mil habitantes, mais os turistas. Recusar ao mesmo tempo ver a vida ruidosa dos estrangeiros e a vida popular mais alegre da Itália. Se você detesta os homens e não os vê, então Veneza está morta. Mas o que vejo, ao chegar, é que ela vive. E de maneira engraçada. Deixo as bagagens no hotel e vou passear. É um domingo. Na Ripa dei Schiavoni. Na esquina da *piazzetta* San Marco pessoas amontoadas em torno da coluna com o leão olham jovens com roupas civis agitar-se e dançar, mas usando o chapéu de feltro com pluma dos *bersaglieri*. Dançam ao som de um acordeom. Na bruma do céu e da noite, suave e cinza-rosa, um muro de concreto, o único que tem o ar de pedra morta, esconde a Giudecca, iluminado por lâmpadas que projetam sua luz em leque sobre essa substância cinza: um navio de guerra americano. Eis os primeiros. Passeio pelas pequenas ruas de trás. Um canal. A água morta luz debilmente, parece envernizada. Uma estrada asfaltada. Uma gôndola posta em cima, morta também. De uma janela acesa alguma coisa despenca, atinge a gôndola e cai na água. A janela se apaga. Depois, dois minutos depois, duas mulheres saem na ruela vizinha. Deixaram seu lixo para atrás e se vão, pondo as luvas. Tocam sinos. A água vibra. Luzes se aproximam e se afastam. Podia-se pensar que as vibrações do ar atingido pelos sinos se comunicam à água. Os sons e as danças do reflexo são simultâneos. Os sinos vão melhor com a água do que com a terra e as pedras. Soam de sob o canal. Catedral submersa. Outras ruas, estreitas e populosas. Novo canal: na parede escura, sozinha brilha como uma flor de luz uma cruz vermelha no meio de um disco creme. Ela se reflete na água que se movimenta. Um bombom inglês. Estranho movimento: doze manchas de luz que se engendram, fogem umas das outras, correm atrás umas das outras, desaparecem para reaparecer incessantemente. Em Veneza ficaríamos muito tempo vendo um espetáculo de rua que faz esquecer Veneza. Sua riqueza está no detalhe. Siena só dá a você suas belezas. Além, nada de que reclamar, a gente se sente para sempre turista. Em Veneza, a pessoa se transforma em veneziano em menos de dois minutos, olha-se um espetáculo *fora* do itinerário turístico previsto, deixa-se passar a Escola San Rocco por *isso*, um reflexo na água que parece ser visto por toda parte, que não se vê em outra parte que não em Veneza. Chego à praça de São Marcos. Só venezianos ou, se há turistas, estão perdidos na multidão que vai ficando tranquilamente, um pouco estagnada ao longo das arcadas, do lado dos cafés com música. Italianos e marinheiros americanos, severos, se balançando, o ar desajeitado com lentos gestos vegetais cercados pela ronda dos pequenos gestos italianos. *Bersaglieri* barulhentos os cercam. Um deles, bem pequeno, quer trocar seu chapéu pelo boné branco de um gigante que o rejeita com um grande gesto vulgar e desagradável, perfeito também em seu gênero: "Não encoste". Representam, mas não na mesma peça. Os *bersaglieri* se põem a correr, os marinheiros se afastam balançando, perplexos e aborrecidos. Isso lhes deve desagradar, essa cidade onde os condutos de esgoto estão a céu aberto. Vou embora. Outros canais: uma gôndola passa sem barulho sob a ponte em que me debruço; dentro, um grande corpo de americano desabado, mais sem vida do que se estivesse morto...

Primeiro passeio de gôndola

22 pela manhã

Veneza é veludo cinza. Cinza o céu, úmido, aquoso, cinza-verde a água. Tudo se movimenta sobre essa estrada sensível que conserva o traço dos táxis que a percorreram. As lanchas e as gôndolas saltam. Tudo se movimenta, menos esse enorme navio de guerra ali, que pesa tanto e se mexe tão pouco — cinza também e fundido na bruma cinza —, que transforma a água em asfalto. É engraçado e nobre e petrificante ver uma mulher descer a ponte de que vejo o canto, dura e recaindo sobre seus saltos duros, quando todo o resto, táxis, ônibus, dança. Sobre o teto do *vaporetto* há coletes salva-vidas, como coroas mortuárias, aos pares, em cinco fileiras de dois pares. Uma mulher na proa, um lenço de seda nos cabelos, voando ao vento, com casaco de pele, muito 1900. Arrebatamento dos sinos e das águas, pequenas ondas contra o pontão do palácio em frente. Chata viking cheia de tonéis, dois remadores de pé. Um homem e uma mulher sobem a escada agora: o movimento do andar é decididamente grosseiro e ridículo, batem com pequenas raquetes sobre um solo duro. Aqui se escorrega. Às vezes vejo apenas uma bela cabeça que passa no nível de minha janela.

"*Sober or drink?*"

Eles são *afetados*.

O solo de Veneza é de pedra, mas imagina-se a areia e a água por debaixo e a gente o sente tremer. As estranhas intumescências em forma de gôndolas na pedra em São Marcos, esse campanário novo que evoca o desabamento do antigo.

... Então, céu fechado, véu muito leve encaracolado, por um momento aparece um céu pálido entre os caracóis. A umidade no ar, no céu. A água. Suave umidade deslizante como óleo, frescor, fundo do ar morno. Gôndola. A gôndola é exatamente uma charrete. E tenho tanta vergonha, mas não mais, de entrar numa gôndola quanto de em Roma subir numa charrete. Os turistas se cruzam de gôndola nos estreitos canais e cada um acha o outro levemente ridículo, cada um pensa: Olha! um estrangeiro. Ela parte. Ela descerá o Grande Canal a partir do Rialto, passará sob a ponte dos Suspiros e subirá até a estação de onde retornará ao Rialto pelo bairro da margem esquerda. Por fora a gôndola tem o ar de um instrumento de música pintado por Picasso, não se sabe muito bem onde colocar as cordas, provavelmente da proa à popa. Uma vez sentado e em deslocamento, é um patim. Ela desliza, quase sem a riscar, sobre uma água vitrificada, quando está calma. Maçãs podres, folhas de couve, pétalas, papéis flutuantes parecem revestidos de uma película vítrea...

DE GÔNDOLA: O GÓTICO E A ÁGUA

... Uma inquietação ácida se mistura ao meu prazer; um *frisson* levíssimo — em suma, mais para agradável — corre ao longo de minha espinha e não sei se sou de repente aliviado ou decepcionado por ver de repente[4] a água empalidecer, pratear-se, acender todas as suas lâmpadas para assinalar o retorno da gôndola ao Grande Canal.

Fim do deslizar; esse líquido é colante. Saltitamos; a gôndola avança por saltos, pequenas ondas estapeiam-na. Todos os ruídos me são entregues ao mesmo tempo: berros, rádio em um palácio, sons de trompa; todas as potências da inércia de repente despertas estão em nosso encalço. O esforço também renasce: bruscamente encontro um homem atrás de mim, um homem que se esforça para arrancar seu barco do visco e que diz: "Ca'da Mosto, do século XIII; ao lado, Ca Matteotti, do XVII. Em frente, o mercado de peixes, é moderno". Nem tento mais interrompê-

4. Se tivesse relido essa passagem, Sartre teria riscado o advérbio ["*soudain*", nas duas vezes seguida em que aparece traduzido por "de repente" (N. do T.)], aqui ou mais acima. O leitor terá observado ao longo das páginas algumas outras imperfeições nesse texto em gestação.

-lo: estou contente por ouvir uma voz humana; é quente. "Ca' d'Oro". A gôndola para; a voz torna-se mais insistente; a passagem de uma lancha nos faz dançar. Volto-me, um braço imperioso mostra-me o palácio do barão Franchetti. "Ca' d'Oro, iniciado por Franchetti..." Olharei então o Ca' d'Oro. Ou antes, o Turista, convocado com urgência, o olhará para mim. Conheço-o muito bem, o Ca' d'Oro; e não me diz grande coisa. Enfim, ei-lo... "Assim chamado porque os ornamentos *eram* de ouro." Poder poético do nome: este recobre há séculos esse palácio com um ouro invisível. Ninguém ignora que o Ca' d'Oro é de ouro: é sua pura substância; em todas as memórias esse cofre de joias lança clarões fulvos. De fato, perdeu seus dourados, é branco sujo, um pouco rosa também, cor de *fondant*. Trata-se de um pequeno cofre muito velho, muito usado; e que não envelheceu muito bem. Que diz o Turista? Pois bem, que se quis fazer tão bem quanto o arquiteto do palácio dos Doges. Esse palácio dos Doges está por toda parte; essa massa enorme e leve resplandece da Piazzetta até a estação; todos os patrícios sonhavam com ele. Só que os mais ricos não eram ainda suficientemente ricos para terem uma residência que o igualasse. A finalidade é sempre a mesma: produzir grandes efeitos por pequenas causas, sustentar todo um edifício com o dedo mínimo;[5] fazer com que um prédio inteiro seja suportado pelo vazio, dar à força o aspecto um pouco inquietante da fragilidade. Só que, como teria sido muito caro, decidiu-se furar o cheio e orná-lo com aberturas. Só se perde o movimento: o peso inteiro repousa sobre as partes cheias da superfície e das aberturas, pois bem, meu Deus, as aberturas são buracos. O Ca' d'Oro foi mais ousado: dividiu a superfície em dois retângulos, o primeiro dos

---

5. Um sinal para a linha inferior parece indicar que o autor substitui essas quatro palavras depois *pelo vazio* (cf. a continuação), o que implica o desaparecimento de *sustentar todo um edifício*.

quais está para o segundo como dois quintos para três quintos; mas em vez de pôr o cheio sobre o vazio, pôs o cheio de um lado e o vazio do outro. O retângulo do Noroeste é cheio com três janelas quadradas e o outro é vazado em três andares em arcadas. Mas o que isso produz? De fato, de um lado temos a imobilidade do mineral: ele não pesa, não suporta nada: é. Do outro, temos o vazio, mas que suporta vazio. Largas e pesadas, as colunas da parte de baixo suportam as duas fileiras superiores. As do meio são mais leves, dir-se-ia cinco fechos pequenos. Mas suportam simplesmente outras colunas. Seria possível falar dessas famílias de ginastas que fazem a pirâmide humana, o pai embaixo, depois o filho, depois a filha jovem. No fundo, o que falta é o esforço. O peso está tão bem vencido que desapareceu. Para dizer tudo, seria possível dizer que essas arcadas foram cortadas com tesouras numa fachada de papelão. Trata-se simplesmente de uma ornamentação: fizeram no belo cofre incrustações de vazio. Confesso que esses rendilhados, que me deslumbram, é verdade, me irritam um pouco: o gótico italiano, de qualquer modo, nunca foi o que foi na França: obra de toda uma cidade. A construção das catedrais certamente não deixava o povo indiferente; e quando Brunelleschi construiu em Florença sua famosa capela, havia tantos curiosos para olhá-lo em atividade que seu trabalho se atrasou. Mas enfim se tratava de curiosidade passiva: a decisão, a escolha das plantas, a construção, disso se ocupavam os bispos, as corporações, as confrarias, e para eles se tratava muito mais da exibição faustosa de sua riqueza e de seu gosto do que de problemas simples, como por exemplo: como fazer caber toda uma multidão na igreja. O gótico na Itália é um refinamento da elite; daí seu preciosismo e também essas eruditas sínteses do estilo lombardo e do gótico que se parecem com essas conciliações de eruditos. Em nenhuma parte, porém, isso fica mais claro do que em Veneza:

essas casas leves de tijolos não tinham qualquer necessidade da ogiva; as abóbadas mouriscas do Fondaco dei Turchi lhes seriam suficientes. A ogiva não passa de um refinamento, uma elegância a mais; um ornamento que lhes vem do Norte. De resto, ela se decompõe entre eles; muito pessoais para aceitar alguma coisa sem modificação, era preciso que mostrassem que ela derivava do círculo: para obtê-la era suficiente chanfrar o arco do círculo em seu meio. Ou então se tomam circunferências e faz-se com que se cortem. Para fazer uma série de arcadas venezianas, tome um arco de círculo, corte-o em dois pontos simétricos por dois outros círculos tangentes um ao outro e ponha sua coluna no ponto de tangência dos dois círculos. O Ca' d'Oro complica um pouco: no terceiro andar, são ogivas que se cortam, como acabo de dizer. O princípio, porém, é o mesmo. Finalmente, essas constantes transformações espelhadas da ogiva em círculo e do círculo em ogiva, essas articulações, essas chanfraduras reproduzem no que é imóvel o movimento constante da água. É a água, pode-se dizer, que projeta seus reflexos nas paredes e nelas faz aberturas. De certo modo, é a pedra que se torna a imagem da água. Eis uma contradança a que Veneza está acostumada. Como na água, essa pretensiosa, as coisas são inutilmente complicadas, imitam seus desvios e suas repetições com suas quadrilobações. No cais e no Canal, círculos de giz se formam, se deformam e se refazem. Será que se quis encarnar na pedra o elemento água? Será que esses palácios saem da água ou será que a pedra, levando ao extremo a mobilidade, engendrou a água?

DE GÔNDOLA: TENTADO PELO MAL

O homem avança até uma espécie de desmoronamento do ser, saltitante, cintilante, sempre recomposto, e eu saltito com esse "sonho bastardo"; empurram-me para esses feixes que não acabam de se desfazer; muito achatado, muito mais baixo que um pedestre, deixo-me balançar por essa desordem vibratória; ergo os olhos para portas, para térreos, tomo o ponto de vista do homem sem pernas. Essas casas são cálices claros, Ideias, e as olho com uma secreta perversidade como o Mestre de Mallarmé, feliz por estar sobre o abismo "sob uma inclinação plana desesperadamente de asa por antecipação recaída de uma dificuldade para iniciar o voo". Cavalgo o Mal, a velha matéria platônica, um homem é feito para andar de pé e eu traí. Sou água, tenho em relação a esses palácios *o ponto de vista da água*. Há o contrário também. Esses palácios são inanimados, rosa e frescos eles se retesam numa atitude desolada e severa, suas linhas duras são barras de metal, baleias de espartilho, gangas. A água rói sua base coberta de musgo, de repente tem-se falésias ameaçadas de ruína; e nós, os turistas, pequenos homens insolentes, deslocando-se ao contrário como uma onda, entre essas conchas vazias, somos a vida, o movimento, e as pequenas ondas são as imagens de nossas constantes preocupações. É a escolher, posso saborear de acordo com minha vontade esse prazer alternativo de ver o humano de algum ponto de vista maldito, de dentro do acaso, de um naufrágio, ou de ser o único humano no meio de espetáculos imobilizados, gelados, cristalizados, passados. Toda a vida humana me roça, é uma verdadeira feira; um *motoscafo* passa perto de nós e nos sacode, "*Bevete Coca-Cola*", em grandes letras, seguido de barcaças que transportam barricas, móveis, frutas. Sob um arco de pedra, em sua garagem, lanchas a gasolina, vermelhas e douradas, dançam suavemente, Fulgor, Fiamma, apontando para o passante suas lanças de água; é o espetáculo náutico do circo Médrano. O vagão postal segue com uma sucessão de explosões e damos um salto. Caminhões, táxis, ônibus, charretes e caminhonetes se cruzam, se evitam, buzinam. Seria apenas um sonho em que nos arrastaríamos, deslizaríamos, seguiríamos de lado com manobras derrapantes; *campo* San Pantaleone: eis sinais luminosos, sinal vermelho e sinal verde, no cruzamento; ficam muito elevados e muito acima de nossas cabeças, estrelas artificiais desse céu cinza. Estranho silêncio que nasce sob esses sinais luminosos, de minha espera de rangidos, chiados, trompas: não, apenas esses arrastamentos de serpente, esses longos anéis que se amarram, se desamarram — e se abolem em outros anéis. Uma grande falésia coberta de musgo, verde, enegrecida e rosa, surge da água. Diante da grade fechada através da qual se percebe uma palidez de estátua na penumbra, um barco dança: de pé nessa gôndola parada, um homem calvo e gordote, com capa, está voltado para o palácio e toma notas. Um homem de negócios, sem dúvida. Viramos, partimos de novo, entre dois longos silêncios verticais e lisos, o rosa passa ao branco e depois ao rosa. Portas carcomidas e fechadas: condenadas. Nada sai por ali, nada entra. De repente sinto-me entre ruínas, não fosse esse tapete árabe que pende na sacada de uma janela aberta. De tempos em tempos, torpores sombrios entre as grades, longe, árvores, ou então, ao longo das paredes rosa, a queda de uma vinha virgem que espuma, pulula e mergulha na água. Na altura do Fondaco dei Turchi o canal se alarga, bruscamente toda essa vida aquática desaparece, a água se agita, ainda perturbada pela passagem de um grande animal marinho, a gôndola não desliza mais, corcoveia e então se põe a rodopiar com lentas hesitações naturais; o céu se pôs sobre a água, cinza sobre cinza...[6]

---

6. A seguir, outra versão que retoma o episódio do homem de negócios e mesmo o passeio mais afastado.

... Um homem de capa, calvo e gordote, de pé em uma gôndola parada, toma medidas e notas. Um construtor sem dúvida. Estranha posição do patinador entre essas falésias, ao mesmo tempo puro vir a ser líquido negado por essas fachadas lentas e seguras de si, esmagadoras pelo mutismo, e ao mesmo tempo vida, movimento diante da morte. Desses palácios quase nunca nada sai, nada entra. Vivas apenas as árvores que podem ser entrevistas através das grades ou essas vinhas virgens que espumam, pululam e caem ao longo das fachadas rosa. Depois do Rialto, na altura do Fondaço dei Turchi, um pouco depois do Ca' d'Oro, o canal se alarga um pouco, fica bruscamente deserto e no entanto a água se agita, a gôndola não desliza mais, tem lentas hesitações de coisa natural e a água parece simplesmente a espiral infinita do espaço. Não há mais vida. Dessa vez não temos mais companheiros de percurso, impossível distrair-se julgando-se em uma estrada. A estrada desapareceu; a realidade negra e malcheirosa da água, a água incompressível, irredutível, sem possibilidade de construção, pura desordem. Estamos do lado da desordem pura, do Mal, sob esse céu cinza um pouco ameaçador, com esse vento leve que sopra, e o Bem está morto, restam apenas essas ossadas. O humano passa ao lado da morte e a vida se desarruma com a água em desordem. Angústia muito leve. Mas eis a estação e depois uma longa cerca de madeira. Na altura em que eu via as janelas ogivais dos palácios, vejo painéis de propaganda, quatro reproduções de uma jovem de maiô lastex e uma fornida italiana, estilo *Domenica del Corriere*,[7] que toca acordeom com lâminas de barbear. Armazéns, prédios municipais. O Grande Canal desapareceu, restam caminhos de água, praças de água, passamos sob pórticos, a multiplicidade dos canais e das pontes

---

7. Revista popular dominical, ligada ao diário *Corriere della Sera*.

me faz crer que estou sob os fechos de abóbadas ogivais de uma igreja italiana, com átrio românico e fecho de abóbada gótico. A água em Veneza não é água, é cem coisas ao mesmo tempo, é um animal pustulento, uma planta venenosa, uma superfície de vidro sobre um negror imundo, é pus, é a desordem pura encerrada entre a ordem, é o suave deslizar do nada entre as falésias do Ser. É o espírito. Um garoto certa vez me gritara: "Bola por favor" como em um jardim. A bola flutuava perto de mim, já pequeno cadáver, barriga para cima; mergulhei a mão na água para a retirar e me espantou que ao retirá-la ela não estivesse coberta de pústulas esverdeadas. Joguei a bola para o garoto enquanto uma bela americana passava perto de mim de gôndola, com um lenço perfumado no nariz.

... Animais nascem da água por geração espontânea, ratos enormes saem dela, correm ao longo dos cais, desaparecem rapidamente em buracos; um homem tinha pegado um, outro dia, sua cauda batia o compasso como um metrônomo, jogou-o com todas as forças contra a parede de tijolo em frente; a água o retomou. Os mosquitos também um belo dia saem voando dos canais. São os animais *naturais* de Veneza. Cães e gatos são importados. Essa lepra em que a inércia e a vida em decomposição se misturam, aplica suas ventosas na pedra, faz sucções marulhosas, chupões no tijolo, nos pilares de madeira: eis o tempo, o tempo roedor; a água tem suas marés, abaixa-se, mostrando as doenças da pedra; esses musgos esverdeados, essas anêmonas, esses mexilhões lamacentos, esses cercefis horríveis. Basta olhar a água para ver Veneza envelhecer e esverdear a olhos vistos. Pequenas ondas, marés, correntes e turbilhões fantasmas, e bruscamente a universal derrocada de um feixe desfeito, é o próprio tempo.[8]

8. Essa última passagem é de uma outra versão, talvez anterior às duas outras e cujo início é mais incompleto; a ela se segue diretamente a história da ameri-

A BARBÁRIE
Os tempos superpostos

A água é feitiçaria. O espírito ao contrário. Uma inércia que tem seus poderes.

Ao mesmo tempo ela é o passado de Veneza. Esse passado será pouco encontrado nos grandes palácios limpos. Ou então não recuará muito; há grandes traços de carvão sobre as fachadas rosa, verdes que cozinham lentamente, madeiras que vivem: a tudo isso eu não daria cem anos. A água é também uma ruína, mas ela não remete à Antiguidade como o subsolo de Roma, nem também ao *Quattrocento*. Remete aos tempos da Bárbarie. Se flutuamos sobre a laguna, vemos bancos de areia e de argila, flutuantes também, inertes e esponjosos sobre essa água inteiramente esquecida, abandonada, morta, e perfeitamente plana. Esse deserto aquoso, desumano, se acolhe o homem, é como um refúgio, precisamente porque é inacessível. Refugiados virão enfiar-se nesses torrões lamacentos, nessa areia úmida, escondidos por trás dos caniços, enquanto os lombardos devastam a região. Roma está morta, é a anarquia. Essa água mortuária é escolhida por seu poder de separar; é espaço, um marulho que dispersa. É fuga, o medo. Essas ilhotas que afloram, de barriga para cima, peixes mortos, são Venezas que não tiveram sorte. A água reflete a decomposição do mundo romano, o medo e a fuga. Quando se volta em direção a Veneza, vê-se a água do Grande Canal a partir dessas imagens selvagens e sombrias; ela fica sendo o medo, a separação, a defesa contra a terra, ela repete, por esse deslizar contínuo de seus milhões de brilhos de

---

cana com o lenço, o que nos permite colocá-la aqui, e desenvolve em seguida os temas da Barbárie e dos tempos superpostos (cf. a seguir).

vidro, que ela remexe uma morte muito antiga hoje recoberta de pedras, o estilhaçamento em mil pedaços do Império e esses campos desertos onde erravam as tropas bárbaras. Em 110 ilhotas de areia e de argila os venezianos construíram seus salões, seus corredores secretos, suas masmorras; esse limo lamacento e irrequieto se disfarça; mal se mexe uma vez por século, provocando o desabamento de um campanário que logo é reconstruído; mas a venenosa Barbárie ainda está lá, é a água, a águas morta e plana que estende seus braços frios entre as casas. Veneza está em três datas; o tempo tem uma profundidade: um século XIX turístico se entreabre para um século XIV construtor e um XVI inquieto; aos pés encontramos, desabado, o amontoado da selvageria desenfreada, de uma cultura que morre, de uma barbárie que ronda. E bem no fundo: a Natureza. Veneza, velha e pomposa, guardou, apesar de seu luxo, apesar de seu preciosismo, essa fragilidade colonial das cidades americanas construídas contra a Natureza e contra os homens, e nas quais a Natureza penetra violentamente, arruinando-as por completo. Cidades postas sobre o inumano. Hoje só se vê isso na África ou na América. A terra esta escondida em todo o resto pelos emplastros de asfalto. As cidades são de uma só peça. Estranha Veneza que é ao mesmo tempo feita de uma só peça, um único apartamento-labirinto, e cortada, fragmentada pelo nada, por um elemento irrespirável, pernicioso para o homem. Um apartamento em que se pode andar de pantufas, ao abrigo de carros, o sonho do nova-iorquino envenenado, e onde, de repente, se pode desaparecer como por um alçapão e se afogar. É que as cidades são construídas para proteger o homem contra a Natureza e nos lugares onde a Natureza se faz mais discreta, quando aqui ela foi construída em plena Natureza e para que a Natureza proteja o homem contra os homens. A Natureza ficou. Um humorista disse: "   ".⁹ É a água, grande e vaga melancolia nativa, essa linfa que corre entre os lagartos. E no entanto essa Natureza, ao contaminar as pedras dessa cidade impossível, contaminou-se a si própria; deixou de ser Natureza.

Veneza é *uma* arquitetura. Essa cidade construída sobre 110 ilhotas é uma peça única e continuamente temos impressões arquitetônicas como em uma mesquita (Córdoba) ou uma catedral sobrecarregada. Corredores, naves, vestíbulos, coros.

Em um palácio rosa, acima de uma água enegrecida, uma janela está iluminada, vejo uma lâmpada fluorescente suspensa no teto, vejo passar um homem de paletó. Lá dentro há um escritório, com mesas, utensílios diversos, luz de escritório: difícil de acreditar. Há um avesso burocrático e moderno de Veneza impossível de ver, de imaginar. Uma cidade moderna escondida no interior da cidade antiga.

A lâmpada fluorescente, nova mania dos italianos.

Piazza San Marco, músicas

Domingo.[10] A Bienal passou por ali, deixou traços, esse cubo, o Hotel Bauer Grumwald, alguns bares de GI,[11] alguns *dancings*. Belas vitrines, lojas iluminadas, portas fechadas. Eis uma loja de tecidos: não é suficiente pôr tecidos na vitrine; os vendedores, ao ir embora, em um movimento desse lirismo louco dos italianos, deixaram negligentemente atrás deles, no chão, tufos de

---

9. Está assim no manuscrito.
10. Será a noite do mesmo domingo, dia da chegada do Turista, que o autor quer abordar de outro modo?
11. Abreviatura de *government issue*, designa coloquialmente o soldado americano. (N. do T.)

seda rosa e azul. Não é a generosidade, é a comédia apaixonada da generosidade: vejam esses tecidos, tenho um excesso deles, jogo-o fora no chão, pensem nos *prezzi disastrosi* pelos quais o venderei a vocês.

Café: não é mais esse licor, esse caramelo líquido que se bebe em Roma. Quanto mais o café é elegante, mais é ruim. Nos pequenos bares, conciliação entre o líquido aquoso e sem graça da Europa do Norte e a minúscula joia do Sul.

É preciso dizer também aquilo que entra pelos ouvidos e pelas narinas do turista. Este ano meus ouvidos escutam uma música italiana cujo nome ignoro, *September Song* e a *Vie en rose*. Em quarta posição vem o Belo *Danúbio Azul*. *Todas* as orquestras tocam essas músicas e com frequência mesmo várias vezes na noite. Lenta decomposição de *September Song* que ouvi em Roma ao saxofone e que acabo por ouvir ao violino na praça de São Marcos, suave lamentação resignada de um gondoleiro apaixonado. Duas orquestras, o Quadri e seu vizinho, tocam as mesmas músicas mas em uma ordem diferente para conservar a cacofonia. O cheiro: café quente.

Há excelente jazz de amadores. Como eles fazem? O jazz é hostil ao espírito italiano. A repetição quase desajeitada de uma forma musical não é mais melodia, é um objeto que lhe é mostrado vinte vezes e que acaba por nos enfeitiçar. Sã barbárie. Se se comprazem no desenvolvimento, não se trata do tema, e depois se volta a esse objeto sonoro de arestas duras. Mas o italiano desenvolve; mal mostrou os seis compassos de seu tema, falsamente ácido, falsamente agudo, ele o repete açucarando-o, arredondando-o, ficamos tranquilos. O tema jazzístico fica no ar. Se acabamos por ver a última nota como um fim, é porque à força de a repetir nada mais esperamos além. Esse objeto sonoro decide fora das regras clássicas seu próprio fim. E Miles Davis acaba simplesmente no instante em que não tem mais inspiração. O espírito italiano gosta dos desenvolvimentos, a inquietação original não passa de um fingimento para atrair a atenção, é um ponto de interrogação cuja resposta é uma dificuldade que se aplainará por acomodações graduais e finalmente tudo acaba (paixão cruel, desespero ou alegria) pelo acorde de resolução clássica. Não se fala mais disso, passa-se a outra coisa. Só que o tema de jazz não quer que o terminem: ele permanece o que é, interrogação, advertência ou grito e ele *não passa*, assim como uma dor entrevista não passa, não acaba bem.

Estante de música do Quadri, um cartaz nas costas da estante, duas fotos de mulheres nuas de Varga, habilmente disfarçadas por borboletas de modo a torná-las mais nuas. E uma reprodução de um quadro de Chirico, boa fase.

Os pombos, pedaços de mármore loucos. Esses grandes nervosos a que provação submetidos. Fotografados, alimentados por turistas por sua vez enervados, têm o desregramento dos seres vivos obrigados a darem impressão de cor local. Andam entre as pernas das inglesas, mas, a cada toque de sino, voam em círculos loucos, um grande tecido extenuante. Estou certo de que representam o medo: pensem, faz um século que isso dura. São divididos em duas seções, uma imita a agitação confusa para fazer os estrangeiros rir, e a outra metade bica tranquilamente as migalhas de pão ou os grãos de milho que lhes são jogados. Esta noite é a outra equipe que trabalha, a primeira come e descansa.

A Itália se agita: processo de Viterbo,[12] visões do papa,[13] viagem de Gasperi,[14] tromba d'água na Sicília, greve e ameaça de greve. O plano da U.I.L.,[15] o escândalo do Instituto Nacional de Seguros.

ANDAR EM VENEZA:
FEMINILIDADE E LENTIDÃO

Depois de sua primeira noite veneziana, o animal turístico desperta anfíbio; constata ao mesmo tempo que lhe nasceram nadadeiras e que recuperou o uso dos pés. Aqui a caminhada retoma sua nobreza nativa, aqui o andar é sagrado. Esta manhã, caminho; vou ao acaso de um passo sumério ou dórico, em todo caso pastoral e secular, seguindo *calli*,[16] atravessando pontes, dando em *campi*, perdendo-me, dando em becos sem saída, voltando atrás, atravessando outras pontes, e, com frequência, passando de novo pelas mesmas *calli* e pelos mesmos *campi* sem me dar muito conta. Não tem importância: Veneza é por toda parte Veneza, não conheço cidade que permaneça mais obstinadamente semelhante a ela mesma, não conheço cidade onde os bairros pobres se pareçam mais com os bairros ricos. Antigo e solene, vagueio entre

---

12. Trata-se do longo processo depois do massacre de Portella della Ginestra (1947), perpetrado pelo bando de Salvatore Giuliano, ligado aos separatistas sicilianos e à Máfia. O processo, que teve múltiplos desdobramentos, fora retomado em junho de 1951.
13. No sábado 13 de outubro de 1951, quando do encerramento do Ano Santo em Fátima, o legado do papa revelou que Pio XII vira, um ano antes nos jardins do Vaticano, renovarem-se os prodígios de que foram testemunha milhares de fiéis, em 13 de outubro de 1917 em Fátima (aparição da Virgem, mudança de forma e deslocamento do sol).
14. Presidente do conselho italiano à época.
15. Unione Italiana del Lavoro (União Italiana do Trabalho). (N. do T.)
16. Em Veneza, *calle* (no plural *calli*) é a palavra que designa "rua"; *campo* quer dizer "praça"; e *rio*, "canal". (N. do T.)

miniaturas, sem outro objetivo que passear minha dignidade pastoral de *caminhante* na única cidade de 400 mil almas que ainda trata o pedestre como se este fosse um homem importante.

Certa vez encontrei um são João Batista: foi no Hoggar, a dois quilômetros de Tamanrasset. Ele seguia, descalço, todo o deserto se depositara como pó de arroz em suas pernas morenas. Nem tuaregue — já que seu rosto estava à mostra — nem negro. Vestia-se com uma curta clâmide amarrada na cintura com uma corda e se apoiava em um bastão. Falava sozinho, mas não era a esse resmungo que devia seu ar insólito. Nem a seus belos olhos perdidos que giravam em seu rosto devorado pela barba. Não: mas nesse deserto que os tuaregues[17] percorrem de camelo e os europeus nos Dodge, ele *caminhava*. Isso era suficiente para que se perguntasse de onde ele podia vir, aonde ia, como suportava o calor do deserto. Ele era verdadeiramente o *estrangeiro*, o homem de outro lugar, mais nobre que um guerreiro a cavalo, simplesmente porque utilizava um modo de locomoção que foi o próprio do homem e que deixamos cada vez mais para os animais amestrados. Ele afirmava o homem por meio de suas coxas e tornozelos, *fazia* a caminhada como o bicho-da-seda faz seda, como a abelha faz mel, tecendo com seus pés uma longa faixa, seu caminho. Vocês me dirão que eu caminhava também. Mas não: eu trotava nos limites da cidade: quem é que ainda anda entre nós, com exceção dos manequins de alta costura ou os excursionistas marselheses? Sou como o bernardo-eremita, colo minha barriga mole nas conchas, carros, ônibus, metrô, trens, aviões. Nesse dia, eu arrastava meu abdome pela areia, em busca de uma outra carapaça.

Na verdade, ainda se anda. Na Europa, pelo menos. Mas essa atividade, em geral higiênica e às vezes clandestina, é bem

---

17. Seria de esperar aqui *Touareg* [tuaregues] (plural) e mais acima *Targui* [tuaregue] (singular).

desconsiderada. É que se retirou dela sua verdade, retirando-lhe o direito de traçar as rotas. Hoje, caminha-se nas trilhas das carroças, entre trilhos de aço, em velocidade reduzida; em um universo atravessado por projéteis, realizamos pequenos deslocamentos efêmeros e inúteis. Nós traçávamos rotas; nós as tomamos emprestado. De quem? Ah, eis o drama: turistas, em suas cidades natais, vocês não estão mais em casa; são paradas à beira do tráfego europeu, a passagem dos caminhões pesados as deixa como caniços, elas se estiram para segui-los no sentido da corrente e eles as deixam no lugar. As ruas de vocês são grandes caminhos disfarçados; e esses caminhos vêm de longe. Em vão vocês os cercam com construções, em vão recobrem-nos de asfalto: vocês não dissimularão que eles estão *em trânsito*; já serviram, as solas do Norte já os usaram, o movimento que os rola até vocês começou nas fronteiras e acabará nas fronteiras; é o universo que passa em alta velocidade entre suas paredes. Se vocês saem, no domingo, para um passeio com a família, vocês põem o pé sobre uma esteira rolante, o movimento dos outros os apressa e os empurra, esse movimento que segue em cascata do Norte ao Sul ou que sobe do Sul ao Norte, é ele que aciona suas pernas. Vocês são um corpo inerte e seu caminhar é emprestado, ele lhes é comunicado. Nessa estrada irritada por não ser autoestrada e cortada por bólidos, avançamos a passos de homem, fazemos um quilômetro no sentido de Lille ou no sentido de Marselha, prudentes, muito conscientes de não estar em casa. E quando alcançamos a praça Edmond-Rostand, a moto que nos ultrapassa na praça Saint-Michel já passou pela porta d'Orléans. Em suas próprias cidades, vocês são retardatários da estrada.

Em Veneza, os venezianos estão em casa. E basta um céu um pouco suave, como esta manhã, com uma luz um pouco suave, alegre como um sorriso, para que o turista se sinta um pouco menos turista, quase veneziano. Fora, a grande estrada o carrega, o deposita em um vilarejo, o recupera e o leva; aqui, as estradas não existem. A cidade foi edificada contra as grandes migrações continentais, fora das vias da invasão bárbara. Foi por vezes porto de chegada, mais frequentemente porto de partida ou porto de registro: lugar de passagem, nunca. Nenhum movimento a atravessa, nenhum impulso lhe é transmitido de fora: todas as forças terrestres vêm morrer na água, em torno dela, sem a tocar; os venezianos trilharam o universo, mas o universo nunca atravessou Veneza: as estradas rolam, seguem, se sacodem sobre o continente, a vinte léguas dela; imóvel, ela fabrica — e para seu próprio uso — suas medidas, suas distâncias e suas velocidades. Suas *calli* são locais; nenhuma nasce fora dela, nenhum termina no exterior; ruas artesanais, *home made,* verdadeiramente indígenas, ruas de bairro ou, mais ainda, ruas de *ilhotas,* limitadas por outras ruas bastante semelhantes, ou que terminam em becos sem saída ou que desembocam de repente em um *rio* sem ponte. Não parecem feitas para *ir* de um ponto a outro; não *levam* a nada e quando se segue uma, nunca se tem certeza de não se ser obrigado a fazer meia-volta. De resto, nenhuma delas se define pelas coordenadas habituais: quem então iria pensar, em Veneza, que sobe para o Norte ou desce para o Sul? Veneza tem suas próprias coordenadas: a praça de São Marcos, a laguna, as Fondamenta Nuove; ela ignora os pontos cardeais. Eu me enganava, há pouco, ao dizer que ela fabrica suas velocidades: no interior de Veneza não há velocidade alguma. Suas ruas são inanimadas: retas, seria possível talvez descobrir-lhes uma orientação; mas nunca são retas; se você lhes atribui um movimento, elas o contradizem imediatamente, voltando atrás e iniciando o movimento contrário. O espaço, em Veneza, não é vetorial; é homogêneo e neutro. Finas e sinuosas, as *calli,* bem mais que os estreitos desfiladeiros napolitanos, parecem um produto do artifício. Sua penumbra e sua sutileza ociosa, sua inutilidade aparente lhes dão um ar sofisticado. E apesar disso — ou por causa disso talvez — guardam entre suas paredes rosa essa indiferença dos desertos e do mar; inertes e sonolentas, parecem lâminas retiradas da crosta terrestre antes da criação das malhas rodoviárias. Meus passos me pertencem mais; eu lhes disse, em todas as outras partes vocês *tomam emprestada* uma direção, aqui as pessoas a fazem. Meus passos soam sobre essas lajes mortas, traço uma linha, recolho e reagrupo com minha passagem uma infinita divisibilidade que logo cairá atrás de mim em sua dispersão;[18] e de repente desemboco em um outro deserto, em um *campo*. Entre nós, acontece de duas ou três estradas se chocarem em plena velocidade e se misturarem em um turbilhão de patas e rodas. Planta-se apressadamente grama no centro calmo desse vórtice e se dá o nome de *praça* ao teatro do acidente. Por isso, o *campo* não é uma praça, pois nenhum desastre o engendrou. As ruelas que se abrem nesse terreno vago de pedra, longe de serem sua origem, nele nasciam. Ninguém teria a tentação absurda de prolongar em pensamento ou por um movimento de olhos alguma delas até a que lhe fica em frente: aliás, é excepcional que *calli* venezianas tenham a ideia de ficarem de frente uma para a outra. Uma política desconfiada e cautelosa realizou por toda parte bem pequenos deslocamentos de modo a que tudo fique oblíquo. Os *campi* não são percorridos por qualquer linha, reta ou curva: são extensões de pedra estagnada, pântanos de pedra. Todos se assemelham: piso branco, boca de poço, igreja da Contra-Reforma; e é bem raro que algum café não tenha posto uma dúzia de cadeiras à guisa de "terraço", um pouco perdidas nesse lugar abstrato em que nada, nem cal-

---

18. Acima dessa palavra [*éparpillement*], e sem riscá-la, o autor escreveu: *dispersion*. [Trata-se de sinônimos. (N. do T.)]

çada, nem beirada de calçada, vem impor um limite à sua dispersão, como os raros assentos que ficam perdidos às vezes em uma catedral italiana. Mas, embora nada as mantenha junto, elas não se afastam, ficam agrupadas contra as paredes,[19] como se esse grande vazio lhes desse medo. É isso, talvez, que faz com que um *campo* pareça a nave de uma igreja de que se tivesse arrancado calota. Em todo caso, essa grande sala a céu aberto não é mobiliada o suficiente: aqui ainda tenho a sensação do vazio; alguma coisa lhe falta: o quê? Será uma multidão em oração? Uma feira? Ou então a cidade não acabou de se mudar? Acho antes que lhe falta ser mexida por essas correntes giratórias de carros e motocicletas que "mobiliam" tão bem a praça da Étoile. Nessas clareiras, essas placas de peladura, cada movimento é um pequeno rangido local que de repente sulca o *campo* com estradas e que logo morre. Seu autor é seu único responsável. Sinto com orgulho que meu passeio é um acontecimento para o *campo* que atravesso e, ao mesmo tempo, sinto-me muito levemente intimidado como se fosse preciso falar em voz alta na catedral. Dentro dessa imobilidade o caminhar é tão incôngruo quanto um grito no silêncio. Aliás, as pessoas que estão sentadas no terraço dos cafés ou que se apoiam na boca do poço olham-me passar com um ar estranho, como se sentissem ao mesmo tempo que o caminhar é sagrado e sacrilégio. A seus olhos, sinto-me secular, como os pastores e as haitianas, a eterna liberdade que afirma os poderes humanos contra o silêncio de Deus.

E no entanto, como toda vez, meu prazer se torna insípido. Já penso nos desempregados de ontem. É uma cidade que lhes convém: nessas ruas que não levam a parte alguma, nesses peque-

---

19. A continuação desta sequência e a seguinte pertencem a uma outra versão, cujo início não aproveitamos porque muito cortado (o sentido e a formulação são sensivelmente os mesmos).

nos desertos inertes, vejo-os muito bem andar sem fim, eles que ninguém espera e que não sabem aonde ir. Andar por andar, como o turista: por não ter o direito de sentar.

... O *campo* a que acabo de chegar não é percorrido por nenhuma trajetória, reta ou curva, não é atravessado por nenhum vetor, é um lugar vago e clássico como o átrio das tragédias: pode-se instalar nele o quarto ato de *Robert le Diable* com o aparecimento das freiras condenadas,[20] ou *O roubo do corpo de São Marcos*[21] com raios, tempestade e fuga de infiéis aterrorizados ou, sob o céu cinza desta manhã, simplesmente o juramento dos Horácios.

Sinto-me culpado, sem saber por quê: como se eu tivesse comido muito Veneza, uma lassidão que não vem de minhas pernas. Será porque vejo sempre a mesma coisa? Não: gosto sempre dessa falsa novidade. Mas não há *futuro* nesse prazer. Estranha sensação de finitude. Seria possível dizer que uma de suas antigas volúpias, erudita e insossa, errando como uma sombra, fixou-se sobre mim. Eu as imagino assim. Ouvi uma mulata que falava de uma certa espécie de tristeza saciada, muito ligeiramente ansiosa e suave, limitada a ela mesma, e para a explicar, dizia: "Como quando se fez muito amor sem amizade". É isso: gosto de Veneza, mas sem amizade. Por quê? E por que aí não se pode manter suas alegrias no seco?[22]

A caminho de novo — a investigação começa. Como eu desejaria lhes comunicar minhas alegrias por toques leves, sem forçar, sobretudo sem explicar, quase sem palavras. Não posso. Sem dúvida sou feito assim. Mas minha época é feita como eu:

---

20. Ópera em cinco atos de Meyerbeer, texto de Scribe (1831).
21. Quadro de Tintoreto, exposto em Veneza, na galeria da Academia.
22. A continuação é de uma outra versão da mesma passagem.

em um tempo em que pedem a você conta de tudo, vocês acreditam que se possa dizer simplesmente como Stendhal: "Eu era feliz"?. Não conheço ninguém, hoje, que o faça; ou então, se algum retardatário se arrisca a tal, sua felicidade tem algo de crispado. Feliz *contra* alguma coisa. Feliz para testemunhar que a felicidade é possível. Feliz de direita, feliz de esquerda: infelizmente um homem feliz é hoje tão solitário que precisa explicar seu sentimento; fala de cores com cegos. Um dia chegará a época feliz em que se poderá falar de felicidade por meias palavras. Mas estaremos mortos, e, se houver pessoas para ler nossos velhos livros, eles as farão rir: "E dizer que chamavam a isso felicidade". Ando, olho, observo-me: como se tivesse tido medo de me entregar a essa volúpia esquecida. Um falso inocente e um tribunal que o julga: eis-me por inteiro.

Pois bem, sim: em Roma, eu estava mais leve. Menos culpado. Roma também pode ser deliciosa e nunca enjoa. Uma de minhas últimas lembranças: eu estava na via Cristoforo Colombo, olhava as muralhas; estrada empoeirada, branca, ofuscante, prazer ofuscante e duro: um osso de siba. Por quê? Eu estava no meio do caminho, um carro lançou-se em minha direção, depois outro, pulei no fosso. É isso: a cidade se dá por toques descontínuos; uma olhada na hera que se agarra às ruínas, uma lambreta raspa-me a bunda, um olhar sobre a porta romana, sobre os tijolos cor de berinjela, um garoto me urra nos ouvidos e escapole; avanço por uma ruela em que não bate sol e vejo de longe, na sombra, um palácio austero e suave, mas, bruscamente, o cenário muda, a ruela me joga numa praça solar e aí me abandona, o palácio se desfaz, o deus Ra vaza-me os olhos com suas facas ardentes. Cheio de picadas de alfinete: da manhã à noite; o rolo de minhas percepções é uma baleia mal fixada e que salta todo o tempo. Esses minúsculos desequilíbrios são indispensáveis a nosso equilíbrio quotidiano. Parece que há sociedades tranquilas em que os pequenos machos são mimados, bem alimentados: tornam-se mais tarde as doces irmãs de suas esposas e, quando dormem com elas, seria possível pensar nos jogos lascivos dos haréns; e há outras que não são mais pobres e onde se deixa as crianças chorar pelo alimento: depois de esses patinhos gritarem bem, tornam-se soberbos abutres. Nós estaríamos mais do lado dos abutres. Não chorei pela minha bicada de comida, mais ouvi tanto choro em torno que vem a dar no mesmo. Todo o mundo milita hoje, é a regra: vi algumas velhas nulidades derreadas reengajar-se por dez anos na "Arte pela Arte" a fim de militar contra "a Arte engajada". Somos militantes ou milicianos ou militares. E, nessa sociedade militante, o cidadão não poderia dispensar-se dessas excitações ligeiras e constantes, dessas irritações superficiais cuja função é mantê-lo em um mau humor um pouco alegre. Uma mulher brilhante e dura tinha se casado com um jovem; ela lhe deu prontamente um filho homem cuja conduta logo inquietou as pessoas em volta: reservado e tímido, aos dez anos brincava ainda de boneca, e quando lhe perguntavam o que queria fazer na vida, respondia "Ter um filho, como mamãe". Vê-se que ele se havia equivocado de sociedade. Um amigo da família que dizia entender de psicanálise resumiu a inquietação geral: "Pelo amor de Deus, diz, se essa criança, na sua idade, não odeia ainda seu pai, de onde querem que ele tire seu componente de agressividade?". Deus seja louvado, o pai está por toda parte: em Versalhes, em Madri, em Nápoles, as ruínas da monarquia absoluta ainda têm suficiente força para nos irritar; o democrata burguês, incomodado, transforma-se em filho agressivo.

Mas em Veneza, qual pai detestar? A sorrateira potência feminina da elite castrou os doges; a aranha rosa do Adriático devorou seu macho. Em nenhuma parte vocês encontrarão essas construções severas, torre e torreão, palácio do governo, polícia, prisão, que lembram os rigores paternos e despertam em nós os superegos sonolentos. Há os Chumbos, sim. Os Chumbos não são muito terríveis: um Don Juan que sofria de hemorroidas fugiu deles pelos telhados; quanto à ponte encantadora que une a prisão ao palácio, seu nome evoca mais o pesar dos amantes que os gemidos dos cativos. Órfão de pai, o turista perde-se nas mucosas maternas; reencontra lembranças sombrias e suaves de grutas feéricas: a cidade me esconde; perdi minha *visibilidade*, essa inquietação que me mantinha de pé sob os fogos cruzados dos olhares. Essas ruelas me envolvem, esse claro-escuro me apaga; e quem me veria? Ouço às vezes passos, volto-me: ninguém. Que resta de um homem, quando não é visto? Apenas um sabor íntimo. Será talvez de meu próprio gosto que estou saciado? Turistas, voltamos à tenra infância de antes do desmame, a essa infância muda, sem carapaças nem corseletes, em que vivíamos com nossas mães em uma confusão carnal, um pouco úmida, em que não éramos objetos para ninguém. Veneza não se mantém a distância de cidade, a distância respeitosa: ela se cola a nós e nos roça, maus cheiros femininos, promiscuidade materna. Tudo é excessivamente fácil, a vigilância do corpo se enfraquece, e até mesmo esse núcleo de energia se apaga: a pequena cólera latente reaquecida habitualmente pelas agressões repetidas do relevo. Pois o relevo escandaliza: balcões que avançam acima das calçadas, as crianças cospem; as vigas e os rostros batem na testa ou na cabeça, as calhas regam e os telhados largam telhas: Veneza é lisa; quando trabalha suas fachadas, é para fazer-lhes buracos. A desconfiança patrícia aplainou tudo o que ultrapassa; nada de telhados, superfícies verticais sobre um plano horizontal, eis tudo o que deixaram. Meu olhar, que raspava há cerca de meio século nas saliências, nos braços de ferro, nas bossagens, nas arestas, passa ao longo das paredes sem se deter. Se ele pudesse pelo menos dar de vez em quando em algum obstáculo e voltar — esse radar — para me assinalar o perigo, eu despertaria desse sono hipnótico. Ou ainda, se seguisse reto diante de mim, como em Nova York, até se quebrar sob seu próprio peso. Mas não: o mundo veneziano é finito e ilimitado como o universo de Einstein; o olhar nada encontra que o restrinja: no fundo da ruela, uma insidiosa penumbra o chama, se entreabre, ele aí se enfia, insensivelmente freado e por fim se detém suavemente, como que por si mesmo. Tanta cortesia acaba por espantar. Pois, afinal, Veneza não é *nossa* mãe; há em sua solicitude uma espécie de frieza. O que se passa, em suma, é que as coisas se despojaram de sua adversidade. Pois bem: ontem já era assim. Ontem apenas, nos canais, eu sonhava: hoje, ando, *sinto-me*, apesar de tudo; e no entanto a hostilidade universal se atenuou. No fundo, é a minha negligência que me inquieta: meu único motivo de desconfiança é que não tenho qualquer razão de desconfiar. Eu queria e não posso: estou investido pela suavidade venenosa e tranquilizadora de tudo. Em minha sacolejante juventude, tive um longo momento de terror — dois anos talvez: era a passagem para a idade viril; no entanto às vezes me acontecia de ser visitado por uma felicidade simples — o tempo estava bom, eu ia rever um amigo, eu estava contente com meu trabalho. Entregava-me a ela por um instante e depois, bruscamente, o jato de veneno jorrava do próprio contentamento e me dizia: "Não é natural estar tão feliz. Há uma armadilha. Alguma coisa que não bate bem". Eu buscava a armadilha e, é claro, eu a encontrava. Hoje essas infiltrações de felicidade dão-me vontade de buscar a armadilha: minha desconfiança fica *adormecida*, fico saciado. Por quê? Encontrarei em Veneza mesmo um bom pequeno motivo de angústia. Mas não: essa cidade é inteiramente inofensiva.

No entanto, há essa limitação do olhar, que me inquieta; não vejo além da ponta de meu nariz. Isso nada me diz que valha a pena: o campo visual é o futuro imediato. Sempre um pouco profética, a visão: ela me revela, com vários minutos de antecipação, tudo o que me acontecerá; algumas vezes temos diante de nós oitenta minutos de futuro visível como quando embarcamos para Capri num mar muito calmo e vemos a ilha, ao longe. Aqui meu futuro se encolhe como chagrém, dão-me os minutos a conta-gotas, um a um: em um minuto, exatamente, estarei diante dessa Virgem de gesso; e meu olhar vai até a Virgem; não além. Chego a ela; toco-a, azul em seu nicho de gesso: dão-me uma nova provisão de futuro; até esse estranho brasão incrustado no tijolo. É certo que não tenho oportunidade de perguntar mais sobre isso: por que me revelar uma hora antes o que me espera atrás desse pedaço de rua, já que sei por experiência que *nada*, nem tentação nem perigo, me espera. Nenhuma lambreta para me atropelar, nenhum bandido para me despojar. Basta que eu *tenha confiança* na cidade. É assim, penso eu, que o governo dos nobres distribuía ao povo seu futuro: no dia a dia. Generosamente nutrida, saciada de festas, a massa não pedia mais; sabia que "era para seu bem". Eis que me atingem com sua miopia: isso me espanta. Eu sei, é claro, que os cidadãos de nossas democracias não sabem mais a respeito: um belo dia, anunciam-lhes que a guerra está a sua porta e, no dia seguinte, ela seguiu para a Coreia ou a Malásia. Que sei sobre essa guerra? Que ela não ocorrerá *amanhã*, e isso é tudo. Mas temos nossas ilusões: imprensa, *mass media*, telecomunicação. Desde minha infância, meu olhar mistificado varre uma planície imensa e não vê nada chegar; vê a estrada que levanta poeira até o Cáucaso e o mato que verdeja até a Dinamarca. Durante esse tempo, o acontecimento atinge-me nas costas. Não importa: o democrata vê amplo, vê longe; é seu *direito*. Os pontapés no traseiro, ele faz disso coisa sua. Mas o que não pode tolerar — o que não posso tolerar — é dar bruscamente, como acaba de me acontecer, com o nariz em uma igreja jesuíta que nada anunciava e não poder recuar para contemplá-la: é uma falta de consideração.

No entanto não há ofensa: o que há, simplesmente, é que ando em uma poça de tempo muito antiga, que ficou ali, sem dúvida desde a ruína do império veneziano. Quando Argel estava a dez dias de Marselha, e as costas espanholas a dois meses de Constantinopla, quando uma carta enviada no dia 1º do mês por um comerciante de Paris a um banqueiro veneziano recebia sua resposta no dia 26,[23] quando o espaço da economia mundial era percorrido em setenta dias, o tempo deteriorado que fica entre essas paredes, era simplesmente o tempo *normal*. Já que o correio mais rápido percorria noventa quilômetros em 24 horas, nenhum acontecimento exterior podia abater-se sobre a cabeça do patrício a uma velocidade mais rápida que a de quatro por hora. A batalha de Lepanto ficou por muito tempo indecisa: os navios lutavam a quinze por hora; foram precisos onze dias para anunciá-la em Veneza. O futuro andava sobre a terra à velocidade de um cavalo a passo, no mar à velocidade de um navio de trinta toneladas; fugia-se dele ou se ia a seu encontro em um navio e a cavalo. A História era lenta. Um veneziano que, tendo por sorte saído de suas galerias, contemplasse o Lido ou a Giudecca, via estender-se em torno dele, em leque, um espaço-tempo de uma meia hora. Por que então ele teria suportado em suas ruas de dois a três minutos? Que podia então lhe acontecer, em dois minutos, que ele não pudesse — o tiro posto à parte — evitar se ele tivesse vontade? Se visse em uma das extremidades da ruela seus

---

23. Cerca de 2.200 quilômetros em 25 dias. (N. do A.)

inimigos em armas, aproveitava o tempo que gastavam para correr até ele para se perder nas ruelas. O que dizer? O espaço e o tempo tinham uma espessura que eles perderam. Um dia eram noventa quilômetros; hoje são seis milhas. Nos bulevares que são meus contemporâneos, meu futuro avança para mim a noventa por hora; dois minutos efetivos de meu futuro são uma estrada de três quilômetros. É preciso um mês para percorrer o espaço econômico e esse espaço é a terra. A notícia de uma batalha na Coreia chega-me com a velocidade da luz, e essa notícia pode desencadear uma guerra mundial e um bombardeio que avança sobre mim a cerca de mil por hora. Vivo em velocidades variadas que se escalonam de oitenta quilômetros por hora a mil. Minha inquietação traduz-se por uma necessidade de ver sempre mais e mais adiante. É a razão talvez que torna Nova York, cidade tão dura por tantos aspectos, apesar de tudo tranquilizadora: aí se vê a cem por hora. Que loucura me mergulhou, a mim, saltando de Nice a Roma de avião, de Roma a Veneza de trem rápido, vibrando totalmente ainda com *minha* velocidade, que loucura me mergulhou nesse labirinto para caramujos, que conserva suas medidas e suas velocidades do século XVI. De tempos em tempos, uma impaciência perturba-me, lembro-me do que fui, um bólido rodopia em um dédalo confuso a uma velocidade inaudita, desemboca de uma ruela e já se encontra na outra extremidade, agarro-me à direção, com medo de me arrebentar nas paredes, e depois, pouco a pouco, sinto que estou com perda de velocidade: minha angústia por não ver à minha frente é a do passageiro do quadrimotor ou da automotriz, depois me tranquilizo, faço as curvas cada mais lentamente, adapto-me ao tempo local. Mas abandono minha angústia por um outro gênero de inquietação. Algumas vezes, os trens param no descampado sem razão conhecida, e o viajante sente alguma coisa escoar dele, invisível hemorragia: é que ele se esvazia de sua velocidade adquirida; progressivamente o frio ácido da imobilidade sobe de seus pés até sua barriga; é uma pequena morte. Um tifoso enrolado em lençóis úmidos, um colérico que se força a sorrir, e um viajante de trem rápido cujo trem para, todos sentem a mesma contradição em sua pele. Sinto os efeitos dessa diminuição de velocidade com todo o meu ser. Perdi muita velocidade, e isso me esgota: viajante quase imóvel de Veneza, essa parada do tempo no meio dos campos do mar.

Chuvas

23 de outubro

Chove. Os gondoleiros usam capas. Em um barco passam quatro homens em pé, de luto, debaixo de guarda-chuvas.[24] Quatro senhores de guarda-chuva imóveis deslizam sob minha janela e devo me levantar para ver o trenó que os leva duros como acessórios de teatro. A água está mosqueada. Milhares de pequenas manchas. Ela se enerva um pouco, arqueia as costas, agita-se; vira para um lado e outro com movimentos de mulher gorda que dorme, uma gaivota voa em círculo entre os palácios Fini e a abadia de San Gregorio. A água está mais suja, mais agitada, mais água de bidê que habitualmente: papéis, folhas, coisas. Água tão revolvida e que revolve sempre; a revoada dos pombos quando o relógio bate as horas, a agitação da água que corre por toda parte como uma galinha que não sabe atravessar quando os barcos passam, parece a mesma coisa: tão antiga e nunca mudada. A água não se acomoda nunca. Ela é tonta. Ela envia uma saraivada de salpicos contra os degraus do palácio Semitecolo, pequenas ondas sobre os degraus, mais baixos, da abadia. Não para de se

---

24. Talvez o autor tenha esquecido de suprimir essa frase.

franzir, de se desfranzir com a passagem dos barcos; ela se abre, se fecha, se alisa; ela se enruga, se desenruga, como uma grande gola branca. Dois homens de preto passam, um pouco curvados, debaixo de guarda-chuvas, sobre o mármore luzente de Santa Maria della Salute. Passa uma gôndola, nobre cisne. Clientes se entreveem sob um estranho e pequeno curativo, feito de telas emborrachadas, misérias do luxo. Com frequência elas existem. Esses americanos percorrem milhares de léguas para serem conduzidos sob a chuva nessas cabines. A água é escamosa no momento, milhares de escamas de prata. O barco passa, *vaporetto*, primeiro ela se põe a reluzir por grandes rastos, e então borbulha, e então para acabar ela se agita e salta como um animal em direção aos degraus da abadia.

Saio. Céu cinza, encouraçado cinza sobre água cinza; no fundo, na bruma, a linha negra do Lido. Chatearam-me muito com as Venezas do Norte. Hoje Veneza é a Amsterdã do Sul.

Durante todo o dia, passeio na água, entre a do céu e [a] da terra; à minha direita, à minha esquerda, os pequenos faróis úmidos das vitrines. A água do céu é sobretudo garoa, de tempos em tempos com uma gota isolada que se solta e cai, ou então com múltiplos pequenos beijos apertados e mornos que me cercam, que se põem sobre meu rosto e sobre minhas mãos, beijos de anjos ou de animais, e que desaparecem, algo como animais transparentes sobre o ar em suspenso, como medusas muito finas e que vêm explodir em estalidos de água em suas mãos para se formar de novo um pouco mais adiante.[25] Em todo o Norte chove, chove

---

25. Duas palavras repetidas (*bêtes* [animais] e *mains* [mãos]) levam a pensar que Sartre ainda não havia escolhido entre duas imagens: as gotas são beijos de anjos ou de animais, ou então animais transparentes, medusas que explodem em estalidos etc. Lembramos que nessas páginas o autor trabalha seu texto.

há 48 horas em Gênova, mas é torrencial, já há danos, chove em Varese, em Alessandria. Em Veneza, até aqui, o que há é o voo desses pacotes vivos e transparentes de pequenas gotas, esses cachos de chuva. A chuva e o cinza ficam bem em Veneza. Os palácios sob o musgo negro do tempo, sob as suardas da pedra, têm o ar de terem sido atacados pelas água até os forros; pode-se perguntar se a água do Grande Canal às vezes se irrita e sobe até as janelas mais altas. Mas não, tudo está seco. A umidade do ar, a bruma, quando há bruma, igualizam tudo, seria possível dizer que a água sobe dos porões, que a umidade é apenas toda a água de debaixo que enche o ar. Veneza nunca tem o ar a céu aberto, é uma sequência de palácios, mas hoje é uma cidade tragada. Nenhuma diferença entre o ar e a água.

À noite: os canais no escuro brilham como asfalto muito molhado, derrapante; eram estradas como em Varese e depois a chuva as inundou. Agora estão sob dois pés de água. Quanto à praça de São Marcos deserta, vista esta noite do Café Florian, dir-se-ia ao contrário, por causa dos longos reflexos das lâmpadas, que ela é um pequeno lago entre arcadas.

Visita à Academia

A Academia está deserta, dia cinza sobre os quadros. Felizmente eles têm sua luz interior. Carpaccio, pintor cansativo de cenas religiosas em que ele não crê. A *Apresentação de Jesus ao Templo*. É verdade, é bem pintado. E depois. Tedioso pela falsa nobreza, pelo movimento convencional. Felizmente, há o Carpaccio de *Santa Úrsula*. Com muita certeza pederasta. Pois enfim santa Úrsula não aparece. Perde-se um tempo enorme a nos mostrar uma embaixada, sua recepção, seu retorno, as bodas. E depois, precipitam-se as coisas, mostram-nos enfim a santa, depois um quadro medíocre em que ela está adormecida, mas é para ela ser massacrada. Em compensação, que felicidade a dele ao pintar as coxas bem moldadas, os cabelos dourados dos companheiros da galeria aberta[26] e suas encantadoras bundinhas.[27] Ódio da mulher. É esse amor pelos homens que faz a beleza dos quadros, seu humanismo. Dir-se-ia um filme americano como *O proscrito*, em que os seios de Jane Russell escondem uma história de bichas. Úrsula é a marca que faz passar a mercadoria. Que roupas! O virtuosismo, de Carpaccio a Tintoreto e Veronese, passando por Ticiano, exprime-se por essa profusão de tecidos, seda, cetim, veludo, cambraia, cada um com sua individualidade, pintam-se matérias delicadas, um intermediário entre o tecido e o creme; arquiteturas de tecidos que espumam, turbilhonam ou quebram, todo um gótico flamejante em tecido. Por fim, fica-se espantado. Tintoreto: é um encenador moderno. As santas debruçadas sobre a Virgem na *Crucificação*, vê-se seu crânio. O homem que segura a cortina no Enterro de são Marcos.[28] O branco sobre branco das criaturas que entram sob as arcadas como eu mesmo fiz sob a chuva. Não se trata ainda da ópera-cômica de Rafael, mas é um bom Jouvet. A pele do escravo[29] é dessa mesma matéria de que são feitos também os tecidos, massa loura e bem fermentada. A fé transforma-se em superstição da imaginação. É um esforço para pensar o sobrenatural dentro dos quadros do naturalismo. Em Duccio, em Giotto, não se trata nunca de fantástico, porque não há ainda Natureza. Aqui a Natureza está bem estabelecida,

---

26. Essas duas palavras [*la loge* (galeria aberta)] são de leitura incerta.
27. Pode-se tratar dos dois jovens personagens de pé na extremidade esquerda, um dos quais segura um falcão, no quadro que representa a chegada dos embaixadores da Inglaterra junto ao rei Théonat.
28. Mais exatamente: *O roubo do corpo de são Marcos*.
29. No quadro de Tintoreto intitulado *Milagre de são Marcos* (são Marcos libertando o escravo).

portanto o milagre é visto a partir da Natureza. O santo é um homem que se joga como um milhafre, bico à frente.

É o primeiro diretor de cinema. A mulher que desce os degraus na *Apresentação de Jesus ao Templo*:[30] câmara baixa mas desaparecimento progressivo do ser; ele pinta de modo diferente de acordo com a distância. Aretino diz: feito muito rápido. É que ele mostra seus truques, não põe o último verniz. Nisso ele é dos nossos. Gigantismo dos quadros venezianos. Desde Gentile Bellini e Carpaccio. Ticiano, Veronese, Tintoreto. Jactância da cidade. Tintoreto: com muita certeza nervoso, supersticioso, desequilibrado. Um racionalismo e um humanismo que lhe impedem o acesso da fé e o deixam nas angústias menores. O esmagamento do escravo. Descida do santo, carrascos curvados sobre o escravo, enfim o próprio escravo.[31] São Marcos, santa Úrsula, são Roque, são Teodoro, são Jorge: divindades locais. Politeísmo dos venezianos. Bellini o maior.

Uma gôndola com guarda-chuva. Do fundo escuro de um *rio*, o homem de guarda-chuva não é visível. Uma barcaça contra uma parede. Os homens se encostam na parede, empurram. Não é mais água. Ela não é visível. É um objeto que desliza sobre um plano ideal sem resistência supérflua.

Hoje Veneza é um salão em um lago. Os canais: matéria de *trabalho*. Barcaças. Transportam-se pedras sobre água dentro da madeira. Escândalo ao ver esse sólido, esse ser puro, deslizar sobre a água.

Nas ruas estreitas os venezianos fecham os guarda-chuvas. Não que estejam abrigados, mas para não machucar os olhos dos outros ou arranhar a parede.

---

30. Desta vez, trata-se do quadro de Tintoreto.
31. Cf. nota na página anterior.

A FALTA DE REALIDADE

Veneza é a cidade que menos protege contra o espaço. O céu e a água são cúmplices, são *demais*. A água se enrola nela mesma, o céu tem um outro tipo de aumento, afasta os olhares, ofusca, distende-se por desabrochamentos opacos da luz. A água não é um recurso contra o céu nem o céu contra a água. No fim de uma parede gredosa, veem-se ao longe linhas horizontais e escuras. São a dobradiça entre o céu e a água, e não a separação entre eles. A água é demais em relação ao céu, sua imagem invertida, e o céu em relação à água. O céu está na água, a água está o céu. Tudo se multiplica e se dispersa, tudo pulula, se desfaz, palpita. O céu sempre fino em Veneza. E a água sempre deserta. Nesse alargamento que distende tudo, há algumas pinceladas pálidas de rosa e cinza que são quase transparentes e que volteiam ao sabor da água, é Veneza. Veneza que não parece abrigar, Veneza joia verdadeiramente perdida, descoramentos tão leves que somente sua extrema tenuidade os impede de serem arrancados deles mesmos e dispersados em farrapos. Essas manchas claras e esvoaçantes não defendem contra a solidão. Há uma espécie de abandono em Veneza, como se todas as suas volúpias fossem apenas pintadas, como se a presença do céu e da água, do espaço, subsistisse até em seu labirinto. Estranho contraste entre as peças de ourivesaria e esse vazio. Em alguns momentos, dir-se-ia que cada casa é separada das outras por uma lacuna que a cerca. Elas estão e não estão juntas. Uma presença da água subsiste até na praça de São Marcos sob a forma do céu. Sabe-se que o mais alegre sol não ilumina nem flores nem terra nem animais mas uma grande poça de céu morto de onde saem bancos de areia. Cada praça parece um refúgio contra o espaço, sua exiguidade de brinquedo parece justamente um modo de se contrair para evitar sua dispersão inevitável. Há com certeza em Veneza uma *falta de realidade* que a torna sinistra. Seria possível pensar numa miragem nascida de um espelhamento pálido do céu na água. E muitas vezes eu mesmo me sinto uma miragem. Tudo irá desaparecer: ficará a água.

Irreflexividade, narcisismo, profundidade

... As paredes se afastam, se aproximam, dobram para um lado, voltam, anda-se muito tempo e depois nos encontramos no mesmo *campo* que achamos que é um outro como nesse universo finito mas ilimitado, o nosso, de onde não podemos nunca sair sem encontrar nunca limites. Ao cabo de certo tempo, o que me inquieta é quase moral: a menos que se suba no Campanile de São Marcos, Veneza é uma cidade que se furta a toda visão de conjunto. Ela foge, obriga-o a se perder no detalhe; algo como esses espíritos esquivos e de má-fé que ficam sempre voltados para um traço de seu espírito sem tolerar que se julgue o conjunto. Roma se contorce nela mesma, corcoveia, é vista de toda parte, afastamo-nos dela, e a julgamos; em Nova York faz-se continuamente uma avaliação, Paris se estende ao pé de Ménilmontant, de Montmartre, ou se escalona acima do Sena. Sou um reflexivo e gosto de subir em mim mesmo. Mas Veneza, justamente, é contra toda reflexão, ela não quer julgar-se, perguntar-se quem é, por que está ali. Há espíritos malditos e sutis que não querem julgar-se e que devem ficar aliviados por nada pôr em questão. O contrário das altitudes lúcidas. Algo de um terrível formigueiro. Como ela parece ser de quem se lembra desse dédalo de precauções que ela tomava contra ela mesma, imobilizando tudo: a gente se sente um maldito que não pode se conhecer nem usufruir do alívio pela reflexão.

E no entanto essa cidade é narcisista, tem uma complacência sombria com ela mesma: a água. Olha-se por pequenos pedaços de nudez, treme um pouco, rosa, na noite escura e rosa, no céu; ondula, tem por ela mesma complacências vergonhosas. Essas breves e pequenas intuições que tremem, substituem as grandes vistas panorâmicas de Roma ou de Florença. Uma água servil e louca a reflete, a bajula e de repente a contesta — algo como o olho glauco de um desses escravos negros que os negreiros traziam da Costa do Marfim; Veneza tem com sua imagem essa estranha ligação de dependência aristocrática, de desprezo, de perturbação e de desconfiança que o jovem senhor tem com o escravo que cresceu em sua casa e que ele leva à caça. É ódio e cumplicidade,[32] ele lhe fala e o negro responde em eco e lhe sorri e o assassinará talvez uma noite. O vínculo dessa parede rosa e suas madressilvas com sua água é tão natural, tão imemorial, que é difícil perturbá-lo com uma presença humana. Não se sabe mais se Veneza está debruçada sobre sua aparência ou cativa dela. Nem sequer se sabe mais se o reflexo é um pequeno ser demoníaco ou se mesmo essa cidade surgida da água morta não é a aparência da aparência e o reflexo de um reflexo. Que silêncio. Nenhuma raiz, nenhuma terra para a encerrar, essa cidade parece nascer de um sonho. O bólido acabou de girar; apoiado com os cotovelos em uma ponte, veneziano por fim, minha velocidade morta. Em Roma, no meio da comédia, eu mesmo era ator; em Veneza, no meio de uma miragem, eu mesmo me sinto uma miragem.

A água veneziana inspira a repulsa, mas atrai, dá a essa cidade uma dimensão secreta: a profundidade. As outras cidades têm a altura, o comprimento e a largura. Mas há um fundo escon-

---

32. Acima dessa linha, estas palavras: *Je veux-je ne veux pas* [Quero-não quero]; o autor provavelmente pensou em introduzir nesse nível do texto o tema da *loucura da água*. Cf. caderno preto do esboço, p. 140, e também p. 112.

dido de Veneza, uma lama viva com animais. Esse fundo da água, imprevisível, que tem a ver com a profundidade de escravos, cativos e massas. Há um fundo visível. Os homens em outros lugares procuram esconder as necessidades. As fachadas são limpas. Aqui também. Mas há o fundo do sono, das necessidades naturais e dos monstros. O homem produz lixo. Em Veneza, ele não o pode esconder. Sob os finos reflexos embalados por redes, sob essas vidraças e esses olhos, há o lixo doméstico e a morte. Veneza, a mais doce e a mais pérfida das cidades do mundo, é a que mostra melhor a impossibilidade do homem. Construída sobre um terreno esponjoso, impossível, a água lembra ao mesmo tempo o mundo deserto da barbárie e do afogamento, os ódios. A água é humana e inumana ao mesmo tempo. As bolhas.[33]

E então, em outros momentos, a água é o céu. A água é essa instabilidade entre o mineral e o gás, sempre pronta a se desfiar em vapor ou a se encrostar como sólido. Em alguns momentos, os cais param à beira de vapores prateados que volteiam, Veneza é a cidade dos ares. E então em outros momentos, a cidade é inteiramente engolida. Hoje, chove, Veneza é um salão em um lago. O céu está molhado, a chuva sobe dos canais, é sua dispersão volátil, eles germinam, enviam as gotas como bolhas ou então elas flutuam nas ruas, nós as encontramos de passagem, vêm arrebentar em nossas mãos, em nosso rosto...

---

33. Sobre o tema das "bolhas", ver o esboço e o parágrafo que intitulamos Chuvas, pp. 99 ss. O autor pretende aqui introduzi-lo pela sequência seguinte (que ele abandona antes do fim da página). Mas teria tido de modificar Chuvas (suprimir o momento em que o Turista está na janela), a menos que o tenha escrito depois, renunciando a essa primeira intenção. No alto da página, duas notas: *Mettre ma promenade folle (page suivante)* [Pôr meu passeio louco (página seguinte)], e *Il voit passer une gondole avec una armoire à glace* [Ele vê passar uma gôndola com armário de espelho]. Sobre esses temas, ver logo adiante e também Esboço, p. 140.

A água de Veneza palpita, ela se dilata e se contrai como, segundo se diz, nosso universo. Saído da gôndola, fico longo tempo a olhar um creme esverdeado na superfície do *rio,* que ora desabrocha, ora se fecha, ora segue suavemente para o canal da Giudecca, ora recua e ora para. Uma ponte, debruço-me; lenta, dissimulada como esses chineses dos romances policiais que nunca ouvimos chegar, uma gôndola aparece sob a ponte e de repente parece-me que se corta em duas e que a água se tornou de fato vidro. Vejo-me debruçado sobre a ponte, vejo o céu. Um buraco de céu vítreo na água. É como um armário com espelho que desliza sobre as costas, levado por uma gôndola de mudança.

A água pitoresca
A água, pensamento louco

Dependendo de você a considerar a partir de Veneza ou a partir da barbárie da laguna, ela é Natureza e morte ou animal doméstico. Ela carrega. Andamos em suas costas; as lanchas rápidas do correio correm sobre os canais para ir mais rápido. Mas ela é verdadeiramente domesticada? Contida, murada, canalizada, suja pelo lixo, parecendo esgotos eventrados, ela fede. Estranho objeto ambíguo, enfeitiçado, mineral desclassificado que não pode nem voltar à Natureza nem ganhar a propriedade exata e geométrica dos produtos manufaturados. Parece um jardim continuamente abandonado, desertado, incessantemente desordenado por plantas selvagens e proliferações parasitárias, e que se recompõe incessantemente.

As cidades são calmas essências que se imobilizam em sua eternidade falsa; o homem, único vivente e tão pouco natural, muda sem se dar conta entre esses blocos que lhe refletem falsamente seu ser. Mas aqui há um elemento a mais, a água figura o que ele é único a ser, o múltiplo e o vir a ser, é sua própria imagem prisioneira e maléfica entre essas calmas essências. É o mito. Assim Veneza é a cidade do múltiplo e do acontecimento. Mas do acontecimento louco, insignificante, curioso, semelhante à vida absurda de cada um de nós. Em todos os canais a toda hora o curioso pulula. Cada onda, cada lúnula, cada reflexo, cada barcaça que passa fascina entre falésias de sombra. O contrário da História: a mudança que some no imutável. A atenção é constantemente distraída por miríades de faíscas que desabrocham e morrem a nossos pés. Nada acontece e tudo acontece. O tempo imagem móvel da eternidade; na superfície de uma inércia vaga, no nível do que seria a calçada em qualquer outro lugar, o que há de uma ponta a outra do labirinto são minúsculas estripulias constantes que contestam a Arte. Vínhamos ver pedras incrustadas em um céu vitrificado e abaixamos o olhar, olhamos o insignificante, nossa Beleza de hoje, a beleza que está se fazendo e se desfazendo, e que solicita nossa participação. O espírito hoje renunciou à passividade, puxa a coberta, enruga uma paisagem, mura-a, acrescenta isso a aquilo, junta tudo, fazendo surgir um ser, sempre conquistador e cavaleiro, servindo-se de todo instrumento como de uma fêmea; temos menos prazer com os delíquios pederásticos do que está pronto. Como parece feminino o íntegro Henry Bordeaux quando goza e suspira: "   ".[34] No fim, incomoda-me que me enfiem todos os obeliscos e todas as colunas. Em Veneza, escolho, passo do feminino ao masculino, da alma ao espírito, basta desviar um pouco o olhar.

Cidade esquisita, perpendicular a seu reflexo. Há horas em que a água se acalma e de repente a aparência se forma. Veneza dura, seca, sai de seu reflexo esmagado, cidade posta em um espe-

---

34. Em branco no manuscrito.

lho. E então o reflexo se põe a dançar, muito levemente, sucessões rápidas de espelhos côncavos e convexos a estiram depois a condensam, ela se balança em redes invisíveis, projeta-se em espaços curvos cuja curvatura muda a cada instante. Esses palácios flutuantes, desenfreados, têm seu duplo no ar. Mas embaixo, revirados, vivem em uma outra matéria, em um ser menor. São, esses sólidos, caricaturados. Explicam incansavelmente, esses obstinados, que nada é além do que é, que um palácio não é uma choça e então, desde que abaixemos os olhos, vemos sua tensão contraída relaxar-se, uma contínua aproximação, uma contínua hesitação aparece entre as pedras. De repente aparece uma lógica do contraditório. Ao mesmo tempo se diria uma consciência aplicada a apreender todas as *nuances*, uma sutil razão que decompõe o Ser em um tecido de contrários que se equilibram e também uma malícia dissolvente que vai procurar meio-dia às 14 horas depois às 10 e volta sem parar ao meio-dia.[35] Verde e rosa, absurdo, inútil, há quinhentos anos esse palácio se faz e desfaz, aparece e desaparece, um pouco demais à esquerda, um pouco demais à direita, sai em revoada com a passagem de um barco e pousa de novo precavidamente, verde e rosa, em constante formação, sempre inacabado, imagem do acaso e do fracasso humano, como uma obra que um incidente poria em questão no último momento. Desbotadas, empalidecidas ou bruscamente descoradas, de um brilho plúmbeo, as pedras explodem, o quebra-cabeça se aproxima. Fascinado, contemplo um pensamento quase humano a meus pés, um pensamento de água sempre empedrada em seu contrário, uma vontade que se nega para se afirmar, quero, não

---

35. Em francês, a expressão *"chercher midi à quatorze heures"* (procurar meio-dia às 14 horas) significa "procurar dificuldades onde não as há, buscar complicações". Foi traduzida literalmente para que se preservasse a ideia do conjunto da frase. (N. do T.)

quero, quero, quero, não quero, quero ser não ser rosa, ROSA, um véu verde recobre tudo de sua onda, quero, tudo está para recomeçar, quero, não quero quero ser, não quero, um buraco branco, QUERO SER ROSA, ROSA, ROSA, lento caminhar de um pensamento que não é o nosso e que não distingue o sim do não, o possível do real; sim, sei: é o pensamento de nossos sonhos, embaraçado em si mesmo, continuamente em agitação vã e que *é* o que ele *pensa*. Um pesadelo de autismo marulha a meus pés, fina, fina loucura: a água é louca. Ruminação multiplicada a meus pés, fascinante. Vi aí, há uns vinte anos, o reflexo de minha própria loucura. Quando se ergue a cabeça e se olha os palácios tão finos, quase afetados com seus arabescos, de repente como parecem *tolos* e *curtos*! Lembro-me, eu estava com S. em um trem, ela tinha acabado de rever uma amiga que enlouquecera, ela estava fascinada. Não sei o que eu lhe disse mas me lembro de seu desprezo espantado: "É verdade, você *não está* louco".[36] Olho esses palácios com o mesmo desprezo e penso: não são loucos. A arquitetura não é louca, ela se mantém de pé, sua razão é o peso, seu juízo, a linha reta que se traça: a linha reta, o mais curto caminho de um ponto a outro. Sua leveza é o peso vencido. Se a parede se sustenta é porque é racional. Curto, curto pensamento, graças de espírito geométrico. Todas as arquiteturas são contestadas pela inimiga enredadora e sutil, a água de 10 mil princípios, o espírito de finura e de diplomacia.

A água em Veneza é a Noção Negativa. Essa desordem esparsa, essa agitação contínua e anônima se debate em torno

---

36. A lembrança evocada pelo Turista pertence a Sartre: em 1935, depois de uma injeção de mescalina (uma experiência ligada a suas pesquisas sobre a imagem mental), Sartre "se julgou louco" durante algum tempo. Essa injeção não era a única coisa em questão. Ele lembra essa crise em *Les carnets de la drôle de guerre*, pp. 99 ss. Nessa época uma amiga de Simone de Beauvoir, professora no mesmo liceu que esta, caiu em um delírio erotomaníaco.

de afirmações peremptórias. Essa eternidade que não consegue parar e que atrai em si mesma todos os contornos para os negar é o Devir, é o Tempo. Os palácios mergulham na água como as verdades eternas que seguem para a morte. Em Veneza pode-se *ver* o Tempo, pode-se cavalgá-lo, como faço no momento. Vejam-no lamber essas fachadas, tremer, retirar-se, voltar para lamber as mesmas feridas, corroer as mesmas pedras. O sol romano maquia muito sorrateiramente os velhos gessos, não se sabe que cada raio é um pincel. Mas em Veneza vemos a insinuação lenta, vemos as ventosas do tempo, suas sucções, seus chupões no tijolo, nos degraus esverdeados, nas vigas de madeira. *Na água*, Veneza envelhece a olhos vistos, afoga-se. Se levanto a cabeça encontro esses pequenos seres contidos em seus avaros limites, crispados, que parecem representar a eternidade. Encenações. Essas rosas petrificadas, essas açúcares-cande acima de nossos pulos têm uma paciência inumana; têm o ar de esperar. Penso nessas rochas duras da Noruega postas sobre a água como garras; as últimas da Europa. No fundo, todo sólido que mergulha na água é um pouco o fim da Terra, alguma coisa acaba. Sobre essa rua rolante, deslizo entre dois *Finis Terrae*, dois fins de cidade que se defrontam. Tem-se a impressão de que uma espécie de vazio se insinuou entre eles e de que eles não podem se ver, de que o olhar não passa de um a outro: um ar mau condutor. Sempre gostei de que uma arquitetura humana se interrompesse subitamente acima de um vazio irrespirável, e por muito tempo saboreei a palavra Finisterra, para além eu imaginava um Norte metálico ou vaporoso, dependendo do caso. Seria eu um retardatário da esterilidade? Não. Não creio. Mas as transições da vida vegetal ou da terra úmida e espumosa me incomodam. Filosoficamente, só peço que o homem tenha aparecido ao termo de uma evolução: afetivamente, isso me incomoda, eu o queria surgido sozinho do nada ou do mineral. Os palácios parecem saídos de nada. Da água. E também vejo as coisas no outro sentido, a água as limita, como um perigo de morte. *No man's land*. Gosto dos desertos e da *no man's land*. Acho que o pensamento está à vontade. Ele parece muito mais um sílex do que uma anêmona. Só que hoje sou eu que estou na *no man's land*...

Esboço e outros textos

LA REGINA ALBEMARLA
O
IL ULTIMO TURISTO[1]

Rosa escamada, brancura com lágrimas negras, eis as cores que de início chamam atenção. Depois é o verde e o negro. O verde da água. De perto, quando está calma, é um verde espesso de óleo pesado com irisações e trevas secretas. Tem o aspecto pastoso e cansativo quando em repouso. Há o verde das cabeleiras que caem ao longo das paredes e que, às vezes, mergulham na água. Há também o verde dos postigos, às vezes puro, quando foram recentemente repintados, às vezes acinzentado ou tingido de marrom quando envelheceram e secaram ao calor mas sem sol. E depois há o negro das ruelas que se fecham no fundo sobre a sombra e sobretudo o negro luzente das gôndolas e das barcaças, um negro de inseto. Não é tanto porque brilha, mas os reflexos da água lhe dão uma espécie de lustre, um verniz móvel.

As pontes. Arcos, deslizamos embaixo deles. Em geral, vemo-los em grupos de dois, de três, e formam ângulos agudos uns com os outros. Redondos debaixo, com arestas por cima. A beleza disso vem do fato de que o círculo está no infinito da multiplicação

1. Assim na primeira página do caderno. Essas páginas devem ser consideradas sem dúvida como a primeira versão.

do polígono e é então um outro estado do círculo esse esboço de octógono. ⁀‿⁀ Pode-se também ver uma suave decomposição de um arco de círculo em mil facetas ou também, de alto a baixo, a suavização de arestas angulosas em círculo. Esses pórticos, essas arcadas estão vivos, multidões sombrias os atravessam em sentido inverso. Cada ponte com sua fila negra de passantes parece um lento balanço em um sentido, um passar por cima contestado pelo passar por cima mais distante em sentido contrário. Quando se passa pelo cais dos Schiavoni e a cidade se abre profundamente numa longa falha escura, veem-se dois movimentos perpendiculares um ao outro, o deslizamento, por baixo, que a fende como uma espada, e as ondulações transversais desses ricos cestos.

Os jardins estão na prisão. Entre dois canais, no cruzamento, um cárcere flutuante. Três paredes de tijolo fazem os três lados visíveis. O de frente é atravessado por um buraco fechado por uma grade. Percebe-se entre as barras, úmida, cerrada, misteriosa e melancólica, a vegetação cativa que às vezes se debruça por cima de um muro, calamitosa, em longa cabeleira vermelha ou verde, pendente. A vegetação, nessa cidade de pedra, é tão preciosa que a escondem, fecham-na, é o luxo secreto de Veneza, passa-se ao longo de um muro de tijolo, pressente-se a respiração das árvores, por trás. É também seu silêncio e como que o produto do apodrecimento das pedras.[2] Quando por acaso se pode ver um jardim de uma janela, ele parece tropical. De fato, pequeno jardim de subúrbio, é pobre e cinza mas as árvores e os arbustos estão

---

2. Nota do autor, em diagonal na página esquerda do manuscrito: *Duas espécies de jardim em Veneza: jardins suspensos e jardins flutuantes. Figueiras, vinhas virgens, plátanos. Têm o ar ao mesmo tempo de morrer por excesso de água e por secura.*

encerrados em um espaço tão pequeno que se poderia pensar num desabrochamento exuberante. Tristes jardins ocultos: dois degraus úmidos, surrados pela água, uma grade, pressente-se uma terra preta, úmida. A terra: única coisa que nunca se vê. Perto da ponte da Academia, há árvores que saem do chão de pedra intumescido, mas saem da pedra, o solo está escondido. É o único mistério de Veneza — que foi tão misteriosa — essa terra rara e preta (assim a imagino), que é escondida.

Ninguém vai acreditar no que vou escrever. Tenho preguiça de começar. Não importa. Então eu estava numa gôndola, conduzida por um pai de família. Pai de família mas de qualquer modo gondoleiro. Talvez com uns cinquenta anos. Longa e já envolta em cobre como um braço quebrado no gesso, a velha vara já tinha visto poucas e boas. Ele não me tinha roubado, o que é uma prova de resignação. Eu o tinha ouvido hesitar antes de me pedir as mil liras regulamentares, mas não sei que amargura o tinha levado a essa conduta de fracasso: pedir a tarifa regulamentar. Era gordo, forte e silencioso. Levava-me sem falar, de pé atrás de minhas costas, eu chegava a esquecê-lo. Deslizávamos na rede capilar que se estende entre o Ca' d'Oro, a estação e a *riva*. Era um bairro popular. Há *rios* pobres, mais sujos que outros. Neles há barcos apodrecendo. Um deles fazia água pela metade e pacotes de papéis envolvendo lixo estavam caídos em sua dianteira, sobre os assentos. Casas escamosas, o gesso se fendia como uma pele seca, o rosa do derma, tijolos rosa, aparecia como se se tratasse de chagas; entre duas casas, um pequeno muro baixo estava coroado de arame farpado enferrujado, passamos diante de um pequeno pátio: casas altas e escuras o margeavam de três lados: do quarto lado, a água, sem sequer os degraus de uma escada para descer até ela. Alguns esqueletos de poltronas lado a lado, nesse pátio deserto, esperavam, desde quando, a crina e o tecido que as recobririam; viam-se o osso, a madeira branca do úmero e do cúbito. Nas janelas roupas secavam, penduradas em um barbante sustentado por uma vara. Esta empurrava a corda pelo meio, algo como um arcabuz, pois as duas metades do barbante formavam um ângulo reto. Vemos isso no sul da França, em Saint-Tropez por exemplo. De tempos em tempos um palácio deslizava envergonhadamente, janelas aferrolhadas ou fechadas com postigos cozidos no vapor, nunca abertas com, talvez, o último andar habitado. Acima de uma porta abobadada, uma cabeça de mulher em pedra branca saía da parede rosa. Passavam barcaças, lentamente, carregadas de objetos estranhos, por exemplo duas fileiras de poltronas vermelhas com ornatos dourados que elas levavam a algum cinema. O trabalho tem, nesses canais, algo de silencioso e de inquietante que habitualmente só é dado ao lazer, à ociosidade dos homens do meio. Uma barcaça passa com a nobreza e o silêncio de um gigolô de Genet, e ela é um túmulo de pedra. Todos os ruídos que significam trabalho, rangidos, estalidos, estrondos, arranhados, são suprimidos. Não sabemos se ficamos surdos, é quase tão absurdo quanto ver casais dançar através de um vidro sem ouvir a música. E além disso é um estranho trabalho úmido, que não evoca a ideia de suor nem a de cansaço (embora deva ser muito cansativo), mas antes a de uma putrefação, deve-se *afundar* no fim do dia. E essa estranha maneira, tão pouco séria, de utilizar as casas como meio de propulsão. Todos esses homens que se apoiam nas paredes têm o jeito de crianças que brincam. Acima de tudo isso, às quinze para as cinco — por que às quinze para as cinco — o gemido sinistro da sirene do Arsenal, evocando a guerra nessa calma pútrida e o trabalho em cadeia das fábricas nesse estranho artesanato aquático. Continuávamos e de cada canto de rua saíam esses chamados tão humanos que os gondoleiros dirigem uns aos outros, ao mesmo tempo confidenciais e consternados, e que têm o ar de se dirigir a um cavalo, a uma mulher. A gôndola fazia curvas muito apertadas, inclinando-se um pouco para dentro, como um automóvel que faz curvas sobre duas rodas, ela virava derrapando um pouco, impressão deliciosa. Eu pensava: "Eles são espantosos: fazem sua manobra em três metros, passando muito perto das gôndolas vizinhas", e assim eu reproduzia sem me dar conta o espanto secular do turista que só terá satisfação se pensar que o gondoleiro é um virtuose da gôndola. Deslocamo-nos para ver e comer perfeições. Os *tagliatelli* de Alfredo são os melhores do mundo, e os gondoleiros são os Paganini da gôndola, utilizam-na como arcos sobre esse violino que é a água do canal. O gondoleiro pela primeira vez falou por sobre minha cabeça. "É Paolo Sarpi", diz-me ele. Depois ululou seu pequeno gemido viril e cheio de censura enquanto eu via pela primeira vez *terra*. Isso me parecia estranho: uma inclinação de terra lamacenta e escura descia até a água entre dois muros. Sobre essa terra, gôndolas. Dois homens trabalhavam para arranjá-las e seus pés afundavam um pouco nessa substância esquecida. Íamos entrar em um canal que cortava o nosso em ângulo reto e de que eu só via a entrada escura, e eu esperava — era meu erro — *elegância*. Elegância como quando o maestro põe a mão em seu *stradivarius*, como quando o toureiro dá seus primeiros passos. Ao diabo a elegância. De que me serve? Eu devo ter-lhe dado azar. Um gemido cheio de censura saiu do canal em que íamos entrar, e vi aparecer um *mostro*, uma grande baleia. Uma barcaça conduzida por dois adolescentes. No mesmo momento, meu virtuose mergulhando a vara até o fundo da água tentava frear nossa gôndola, e foi então que se produziu esse milagre que 100 mil turistas esperaram talvez, cansados de serem roubados e menosprezados, mas nunca puderam ver, esse milagre que foi para o dia minha ração de antiturismo, esse acontecimento que abalou um dos meus últimos respeitos turísticos: a velha vara quebrou instantaneamente, e o gondoleiro caiu na água. A gôndola abandonada foi graciosamente chocar-se contra a barcaça e, me voltando, vi o gondoleiro nadar esforçadamente para a gôndola. Os consertadores de gôndolas gritavam-lhe: *Cammina! Cammina!* Uma metade do remo tinha ficado na gôndola, os sujeitos da barcaça recuperaram a outra metade que flutuava e a jogaram para nós. O gondoleiro encharcado se erguia, com a roupa colada no corpo, tinha subido na terra que descia até a água.³ Pôs-se a gritar sem força, com uma voz velada por toda a água bebida, enquanto a barcaça se afastava sem ruído com uma indiferença real, muito *vamp*, muito despedida de cinema. Podíamos agora ver o canal perigoso pelo qual devíamos seguir: era atravessado por uma ponte, coroada por uma multidão silenciosa e imóvel que os gritos do gondoleiro tinham atraído e que não tinha podido ver o acidente. Deixei ali meu pai de família encharcado e subi, desiludido, ao *campo* Paolo Sarpi, objeto do *famous last word* do gondoleiro. Três americanos do cruzador, estes uns intelectuais, um com bigode, os outros dois de constituição frágil com olhos cheios de alma, de alma americana entenda-se, abordaram-me educadamente e me perguntaram se eu era conhecido, por ter provocado uma tal aglomeração.

Quem mora em Veneza? Artesãos. Envernizadores que aplicam verniz com estopa, marceneiros, fabricantes de móveis, vidrarias.

---

3. Em diagonal na página esquerda, este acréscimo: *Seu pulôver tinha uma espessura musguenta como o musgo em castanheiras. Falando, ele afastou os cabelos com a palma da mão e recolocou o chapéu.*

Pequeno comércio. Empregados das estradas de ferros e armazéns. Calçados: fazem-nos sob medida. As camisas sob medida. Ternos e costumes: trazidos pelo turista. Uma Veneza de um lado do canal que vive apenas para si. Onde o comércio e as atividades visam apenas aos venezianos. Uma Veneza onde tudo converge para o turismo. Os cais do outro lado — não deste. Canal menos pitoresco e meio de transporte (parece com os canais de Copenhague e de Amsterdã).

Uma cidade de armadores e de grandes comerciantes ocupada por artesãos e pelo comércio de luxo. Aristocracia de antigos comerciantes arruinados. Há uma relação do artesanato com a época das casas, que formam um conjunto mas mentiroso. Pois esse artesanato não é de modo algum *o que havia*. Havia as formas mais elevadas do capitalismo comercial. Veneza devia espantar como Nova York. Hoje a vida está em Mestre. Municipalidade comunista.

Praça de São Marcos = Palácio Real. Mas vivo. Florian = Véfour.

Ruskin e as duas colunas.[4] Não, elas não se tornam simétricas pelos capitéis. Mas são dissimétricas como a praça de São Marcos, como tudo na Itália, e é da dissimetria que gostamos. E ele não notou que o movimento é diferente. Uma se abate porque o movimento do capitel se interrompe e a outra se eleva porque o movimento continua. Trata-se portanto do acordo de dois movimentos inversos. E, depois, ver no conjunto. É a acolhida do mar. Mas a majestade se faz leve pela dissimetria. Ruskin pederasta. O leão. Muito bonito. São Teodoro, lamentável raquítico.

---

4. Trata-se das duas colunas que se erguem no cais da Piazzetta, uma das quais tem um leão de bronze e a outra a estátua de são Teodoro.

O luxo de Veneza que lembra seu luxo antigo e cai bem para a cidade é na realidade mantido unicamente pelos estrangeiros e não passa do reflexo da riqueza internacional, da riqueza deles, não da riqueza da Itália. É um verniz brilhante que emite reflexos.

O Paraíso.[5] Pintado muito rapidamente. Rostos insignificantes, expressões convencionais, só interessa o movimento em espiral. Trata-se de uma cúpula de que só vemos uma metade, cortada pelo eixo. No alto a Virgem e o Cristo depois guirlandas de adoradores. De longe o quadro parece cinza e azul marinho com o vermelho do Cristo e da Virgem no alto. Uma espécie de bruma cinza se insinua entre as coortes de adeptos, algo como nuvens clássicas que sustentam santos, anjos. Aproximando-se, percebemos que essas brumas são feitas de cabeças mais afastadas, azuladas pela distância, milhões de cabeças. Nada a dizer: são as leis da perspectiva. Mas como elas atuam habilmente aqui para fazer desse povo o tecido conjuntivo que une essas grandes eminências da cristandade. Trata-se exatamente do *fundo*; desempenham o mesmo papel que a água entre os barcos na *Batalha de Lepanto* (Vicentino, sala do Escrutínio). Uma humanidade feliz, inspirada pelos mesmos ritos, mesmas crenças, e servindo de fundo a alguns indivíduos excepcionais, o que de melhor para os mil e oitocentos membros do Grande Conselho. Podiam ver nesses círculos concêntricos de adoradores a hierarquia de seus complexos sínodos e conselhos. E enfim o doge: Cristo em sua glória, com a dogaressa, a Virgem, muito mulher de principado, respeitosa também mas com uma familiaridade digna. Aliás é um verdadeiro quadro de aristocrata: não há tanta distância entre a Majestade Divina e seus adoradores. Bem ao

---

5. Quadro de Tintoreto (Palácio dos Doges).

contrário, ele é *investido*, examinado, vigiado ao mesmo tempo que adorado, é verdadeiramente o doge admirado e espionado por dez conselhos superpostos. *O Paraíso*? Com certeza: tratava-se de refletir para o Grande Conselho a imagem de uma Veneza bem ordenada girando em torno de um eixo vertical, ordem e hierarquia. O quadro sabe discretamente evocar a ideia de que há uma diferença na morte. Os eleitos, para empregar uma expressão de Orwell, são todos iguais, mas há alguns que são mais iguais que os outros. Esse grande movimento de relojoaria, esse redemoinho ao contrário, esse funil de carne invertido sugere uma lamentável ideia do humano: nada de transcendência. Gira-se no nível do círculo de que se faz parte, continuamente. Nada que se *eleve*, salvo olhares em adoração. Ou antes o quadro é movimento para o alto por inteiro, mas é somente o movimento hierárquico desse brinde paradisíaco. Resultado: nada de homens: criaturas ocas. Eles flutuam. Seu movimento circular é o de objetos sustentados por um barbante. Esses anjos que avançam para o Cristo, à direita e à esquerda, na parte superior do quadro, nem mesmo abrem suas pequenas asas, tornadas símbolos, muito finas para sustentar uma águia. O que foi feito dessa admirável tradição de pintar anjos que são só asas, sem corpos, com a cabeça apoiada na asas principal, e de baixo para cima como em um escudo? Sem asas, esses anjos flutuam. São sustentados pela vontade de Deus ou por uma densidade de um meio invisível. De todo modo, anjos e homens são passivos, giram no céu como os gatos mortos flutuam e giram nos pequenos turbilhões provocados pela passagem do vaporeto no Canal. Sim, são mesmo mortos flutuando ao sabor da água entre duas águas e cujos corpos foram círculos. O homem não é nada. Únicos humanos, únicos vivos, únicos dramáticos e belos, o Cristo e a Virgem. Mas não é por causa da luz dourada que os cerca. É por causa de seu peso. Únicos entre todos eles pesam. Certamente não pesam sobre a terra, mas sobre as nádegas de um voo de anjinhos.[6] Essa graciosidade divina se transformará em sadismo em Sade, que sonhava sentar-se sobre escravas nuas, fazer delas poltronas. Aqui é melhor, os querubins são terra amassada com os pés. Mas que importa, pelo menos Cristo e a Virgem pesam como homens, seu peso é verdadeiro, nada de barbantes, nada de vontade mágica para os sustentar. Seu peso é sua carne, sua verdade, sua humanidade; e a nobreza de seu movimento vem do fato de que ele se efetua contra seu peso. São atos. O Cristo meio sentado, meio erguido, se afirma todo poderoso contra o peso, e o movimento dos dois, gracioso e harmonioso, vem das resistências vencidas. Assim Tintoreto só pode pintar a majestade divina rebaixando o homem abaixo do humano para realçar simplesmente e por contraste nos seres divinos a pura humanidade. Horrível paraíso de alegria passiva, não o quero. Seria a recompensa por tantos anos de luta e de esforço? A única recompensa humana seria um outro esforço, com tanto sacrifício e tantos riscos mas em vias de ser bem-sucedido. Eis o único paraíso humano. E todos esses aristocratas tão ciumentos de seu poder, como não se indignavam com esse quadro tão favorável à monarquia, no fundo, ao mesmo tempo que parece limitá-la? porque essa aristocracia estava em declínio. Veneza estava morrendo. Esses grandes negociantes já não gostavam de

6. Na página da esquerda, em relação ao que vem antes, três notas:
   1º Em suma ele fazia o que queria. O espaço aqui (verticalidade) é o dos doges, da Idade Média: o espaço conceitual.
   2º O que ele toma de empréstimo a Veneza: sua luz. Aspecto dissolvente da luz veneziana.
   3º Notar em Bergano o esplendor trágico do Colleoni de ouro sobre figuras hieráticas e secretas (mitos, emblemas com grandes pescoços de girafa). E depois esse cavaleiro de ouro que emerge em seu realismo. Perdido. De que serve se manter só. Nenhuma sociedade não o sustenta mais. O individualismo como exílio. Sociedade integrada.

nada mais que não fosse riqueza e cerimônia. Assim, na sala do Escrutínio, *O Juízo Universal*, de Palma o Jovem, aluno de Tintoreto que imitou seu *Paraíso*, tem mais condescendência para com os homens. Esses danados *caem*. Seu peso torna-se trágico. Viva o Inferno e seus sofrimentos humanos se o Paraíso deve ser essa felicidade inumana. Em um romance de antecipação, enviava-se a onda de felicidade aos trabalhadores todos os fins de dia depois do trabalho. É o Paraíso de Tintoreto.

Na sala do Grande Conselho, um batalhão de suboficiais italianos formado em quadrado como para se defender contra o isolamento dentro desse espaço excessivamente grande escuta as explicações de um guia. Velhas senhoras francesas formam um enxame agitado que rodopia por um momento e revoa com um guia implacável cujos cálculos escuto: "Cinquenta e cinco metros por vinte e cinco, a sala do Grande Conselho, a maior tela do mundo, oito metros por vinte e cinco". O sol pálido pelas janelas. Dura sala reluzente, do lado de fora o mundo é apenas vapor.

Estranho palácio. O Paraíso dos funcionários. Toda uma administração centralizada. Aqui se mantinha o registro dos prazos de todas as funções dos novos magistrados, logo ao lado ocupam-se da frota, do recrutamento e dos impostos que permitem mantê-la, adiante são os advogados fiscais e os procuradores da República, mantém-se o livro de ouro e o livro de prata em que são inscritos nobres e burgueses. Cadastro, recenseamento, investigações, fisco, administração. Homens graves ali iam, cumprimentavam seus colegas na passagem pela galeria e se fechavam com papeladas. Passo pela galeria e através das janelas em losango chumbadas vejo um funcionário calvo que se debruça sob a luz de um abajur de porcelana verde. Eis o eterno. Eis o *sentido* desse palácio da Centralização dos serviços. Em cima, os funcionários assumem uma postura de Guepeou, Conselho dos Dez, Conselho dos Três, chefe da polícia etc. Mas sabe-se bem que a burocracia conduz à desconfiança recíproca. Saindo, tenho a impressão de ter visitado o palácio dos burocratas. No entanto, é belo. Mas no fundo o que é *verdadeiramente* belo? As fachadas (1404 — e talvez mesmo 1365 — e a outra 1424-1457). Todo o resto, salvo o Arco Foscari, a fachada oriental que é do século XVI, e as fachadas meridional e ocidental que são do século XVII, é tedioso, barroco e frio. Sempre o mesmo erro: no fundo o belo em arquitetura, brotado do útil, é que a pedra seja movimento. Nada mais que isso. Por quê? Porque se trata de dar a unidade de uma transcendência humana ao que é de fato pura recaída da inércia espacial. Com a dispersão ao infinito da linha faz-se o surgimento do mais curto movimento de um ponto a outro. A arquitetura são linhas. Mas isso não significa que a pedra deva ter muitas curvas. Ao contrário. O século XVI acredita que é preciso tornar mais leve a pedra, mostrando que o homem passou a ser senhor dela. Mas assim a pedra dócil e talhada em anéis, rosáceas, medalhas, inglesas, se imobiliza em passividade. Tudo flutua. Ela é como os anjos de Tintoreto, nem pesados, nem móveis: rendilhado. Mas o rendilhado não mexe. Diz, recita de cor o virtuosismo da rendeira, não faz com que se sinta diretamente o impulso humano. A fachada da Piazzetta é bela porque pesa e porque se eleva. É essa luta contra o peso que faz sua força. Censuravam-lhe, na época de Ruskin, que as colunas das arcadas fossem muito baixas. Mas isso é preciso. Elas marcam o afundamento. Altas e leves, elas nos teriam dito que o palácio é fácil de sustentar. Ao contrário, elas nos fazem sentir um ser carregado que não se dobra mas que se afunda a cada passo na terra. As colunas baixas do pórtico do térreo exprimem o peso do edifício, e seríamos muito tentados a lhe atribuir uma leveza de princípio pois é de tijolos. No fundo, direi mesmo que se trapaceia um pouco, que o fazem mais pesado do que é. Todos esses comerciantes são habituados à moeda falsa. Mas só teríamos uma impressão de esmagamento se a maciça parte superior repousasse diretamente sobre as colunas de baixo. É aqui que o arquiteto insere seu virtuosismo: estando bem estabelecido que a massa do palácio é pesada, esmagadora, vamos mostrar que a segunda galeria a sustenta sem dificuldades. Há como que uma decepção sutil do olho que sobe e que, esperando o cheio, encontra o lazer e o vazio. Se gosto da retórica dessas arcadas em ogiva abertas por círculos quadrilobados, é porque esse falatório se desenvolve durante o perigo como uma cena de amor cuja tensão, no teatro, se deve às ameaças que pesam sobre os apaixonados. Toda a força vigorosa das colunas de baixo é desperdiçada em elegância pelas de cima. Elas desabrocham, multiplicam-se, têm a aparência de brotar das de baixo. No alto, está a pesada fachada cega (sete janelas, buracos) e lisa. Isso é bruscamente o inumano, a pedra. Mas, se olho essa enorme massa, indo de baixo para cima, vejo-a erguida, sustentada, todas as linhas de força líricas ou austeras das galerias de baixo a percorrem, ela é frequentada por um vazio ativo e corpulento. Ao contrário, se parto de cima, descendo para a parte inferior, todo o vazio que há entre as colunas assume uma força maciça e dramática, é vazio e *é* todo o peso do edifício, o vazio está orientado de alto para baixo, denso, forte, é uma força contida. Gosto de que nada sobressaia, de que nada avance. A perfeição do liso é justamente que o drama se desenrola unicamente nessa superfície, o olhar desliza por cima, não se agarra a nada, não é distraído por nada, desliza sobre o vazio como sobre vidraças transparentes. Se comparo o Palácio dos Doges ao Palácio Comunal de Siena, da mesma época, vejo a superioridade dos venezianos em sua sutileza mercantil. O Palácio Comunal é cheio, bem ingenuamente. É ao mesmo tempo seu peso e a massa que o sustenta. Finalmente toda a força do Atlas que o mantém de pé tem a ver é com a terra, isto é, com o inumano. E esses banqueiros, para provar seu orgulho e sua habilidade, para dar uma imagem do homem na pedra, são obrigados a erguer a torre inútil e vaidosa da Mangia, esplêndida mas gratuita, um lirismo fora de propósito, um jorro lateral que afirma o homem fora de sua luta contra o Ser, em um momento de lazer. Os venezianos, mais astutos, mais flexíveis, furam a parte baixa de sua fachada (de outro modo, seria um palácio quadrado como o Palazzo Communale), abrem-na e, assim, o peso, em vez de ser sustentado pela terra, sobe dois andares, a terra perde seu mérito, ele cabe ao homem; o Palácio Comunal de Siena, eles o sustentaram com dificuldade e no ar. Portanto, não há necessidade de torre. A caixa cúbica tornou-se por ela mesma um feito. A contradição sentida do peso e do impulso dá à fachada uma *tensão* que faz de cada pedra, de cada tijolo alguma coisa viva e domada.

Menos ricos, os príncipes venezianos querem também criar vazio na fachada, mas não ousam criá-lo *embaixo*. Perfuram o meio da fachada. Aí se encontram as ogivas e os círculos quadrilobados. Só que aí se perde tudo porque se sente o peso repousar sobre os montantes cheios da fachada à direita e à esquerda da abertura. E o buraco do meio não tem essa força de coesão (a pedra pesando sobre a coluna une pela pressão todos os elementos). Nada pesa sobre elas, essas colunas não suportam nada. E o que no Palácio dos Doges é *esforço* torna-se *puro enfeite de embalagem*. São incrustações de vazio na parede da embalagem. Donde um aspecto *afetado* que de início não era desejado. É preciosismo.

A ambiguidade: se me dizem: aristocratas, digo: funcionários e comerciantes, mas se me dizem: funcionários, digo: aristocratas.

O gótico italiano nunca foi como na França obra coletiva de toda uma cidade: as igrejas são construções tipicamente religiosas; cada ordem, cada bairro tem a sua, a construção da catedral não apaixona os habitantes da cidade. É o bispo, as corporações, as confrarias que se ocupam disso, mais do que o próprio povo. Daí a preocupação com o detalhe, com o embelezamento, esse lado afetado, essa necessidade de riqueza mais que de resolução do grande problema arquitetônico; como fazer as multidões caber em uma cidade.[7] Daí também essas sínteses eruditas do românico e do gótico que parecem conciliações de eruditos e finalmente esse aspecto de basílica que toda igreja italiana acaba por tomar. Pode-se falar de mau gosto, em Siena, em Veneza? Não, mas esse gosto está mais morto que uma explosão popular. Ele não toca, é imediatamente mais vaidoso e mais oficial. Refina mas não é revolução nem liberação.

O luxo em Capri: o mesmo que em Cannes. Bom gosto e bom preço. Em Veneza — é verdade que se está fora da estação — muito pior.

Um automóvel sobre uma barcaça. Belo carro novo, cor de amêndoa, sem placa nem número. À meia-noite. Parece dar marcha a ré.

Os italianos são drogados, dopados. Hidratos. Massas: valor nutritivo fraco, nenhum valor energético. Com seus 140 quilos de massas por ano, têm exatamente o necessário para não ter fome, não o suficiente para se manter de verdade. O *açúcar* em Nápoles

---

7. Sem dúvida, deve-se ler: *uma igreja* ["une église"; no original está: "une ville" (N. do T.)]. Cf. p. 65.

(energético) e os cafés. Em um jornal leio que com *trinta* cafés por dia pode-se morrer. Então eles tomam dez ou quinze por dia. Eu tomo seis ou sete; em Paris eu dançaria. Aqui não: é que eles devem ser mais ou menos descafeinados. Mas para eles, isso os excita. Explico assim essa alternância de calma desanimada e monótona e excitações bruscas. Naturalmente em seguida isso se torna um costume com sua inércia própria, eles representam o papel de que são italianos. Mas o ritmo de sua vida, explosivo com interrupções, parece-me vir disso: excitantes com um fundo de subalimentação. Não bebem: isso os mataria. Vi em quarenta dias — e passando por toda parte — *um* italiano bêbado, e ainda por cima desprezado. Se os americanos podem dopar-se com Martini, é com um fundo de alimentação rica.

Um sol frio com um céu verde, fim de tarde Ripa degli Schiavoni, tomo um *motoscafo circulare*. Dá a volta a Veneza, como os bondes circulares fazem a volta de Roma ou de Paris. Água verde e inchada da laguna, exuberante; uma poeira de sol pole tudo: Lorrain. Eis a alegria do turismo: esses pequenos momentos eternos em que o mundo parece ser um antigo quadro. Velha luz de museu, velho sol. O próprio tempo põe-se localmente a datar, esse grande barco negro com seu remador de camisa branca, a cabeça envolta com um lenço branco, eu o vi em vinte, cinquenta marinhas do final do século XVIII, tanto mais que o outro remador, de pé na parte de trás é um Gilles de Watteau. Ele desaparece, a Giudecca se aproxima mas o céu no fundo permanece do século XVIII: esse cinza-rosa que desliza para o ouro, eu o conheço bem. É de fato a cortina das fumaças de Mestre iluminada pelo poente, mistura de lâminas de ouro e de partículas de carvão, mas é também o limite do romantismo em uma alma clássica. A Giudecca desliza contra nós como um longo barco carregado de tijolos. Na ponta, há uma construção alta de tijolos vermelhos, vagamente veneziana pela cor mas lembrando *castels* ingleses que os vitorianos construíam para tornar graciosas suas fábricas. Aliás o nome é inglês, Rusty ou Casky, não sei mais. Há o mesmo à beira do Tâmisa. Veneza flutua a minha direita, plana como um nenúfar, polida pelo sol, é uma bruma branca. A Giudecca é negra, quase como alcatrão porque o sol está atrás dela. Veneza é um vago sonho de impressionista, traços de cor sobre uma tela. Água desabrochada, poeira que rodopia no nível da água, e no fundo essa tristeza cinza e dourada que parece tanto solidão marinha e que na realidade não passa do hálito de carvão da terra. Viramos. Veneza se decompõe. A Giudecca está longe atrás de nós. Seguimos o canal Scomenzera de sudoeste para o nordeste. Um canal nosso. Docas, armazéns, guindastes, caminhões, pequenas elevações com mato, vagões enferrujados sobre trilhos, gazômetros; tudo isso se molha na água. Pequenas pontes, árvores, vegetação, poderíamos estar no canal do Marne ao Reno. Ao longe o cubo branco e cinza da garagem de automóveis. Pela primeira vez encontro um amontoado de perspectivas como na França ou nas cidades industriais. Habitualmente Veneza é plana e comportada. Veem-se fachadas ou as belas linhas de um canal cortado por pontes divergentes. Aqui eu teria dificuldade para classificar a mistura que vejo. Barcaças, chatas. Sim, Veneza é um porto. Mas tão pouco movimentado. Tudo isso enferruja ali mesmo e parece mais velho, mais fora de moda que os palácios do século xv do Grande Canal. No meio das docas uma igreja branca passa à minha direita, seu campanário lombardo é plano contra o céu e com aberturas. Nas aberturas vemos sinos que tocam, lançando em nossa direção seus longos badalos negros que parecem sexos de asno. Piazzale Roma, entramos no Grande Canal: o Albergo Santa Chiara é mofado, todo de um verde de afogado, o verde dos postigos venezianos. Além, um jardim, com verdadeiras árvores frondosas e acima das árvores a cúpula de San Simeon, redonda como uma cúpula oriental, verde como um campanário de Oslo ou de Estocolmo. Estamos no Norte? Esse frio, esse vento e essa claridade cinza fariam crer nisso. Passamos pela estação fascista, no estilo da estação de Roma. Tomamos o canal de Mestre, grande avenida de comércio, passamos diante do palácio Labia, cinza e negro, de pedra fria, diante do qual pilares negros e azul-noturno saem da água, divergentes, inclinados como torres de San Gimignano. De novo estamos fora de Veneza, rodamos em torno dela, no norte desta vez. O cemitério flutuante à esquerda. Longas linhas horizontais, rosas e brancas; acima, colunas negras dos ciprestes. O que é? Como sempre as nuvens variam. Será um bolo de creme de manteiga rosa com aplicações de açúcar branco? Será um pesado navio imóvel como o couraçado? Ou um barco muito leve, lastreado por pesos brancos presos a suas laterais. Paramos nas Fondamenta Nuove perto de um barco parado ao lado do pontão; as pessoas que descem passam de um barco para o outro e daí para o pontão. Em cada estação é um vaivém. O ônibus corre agora para o cemitério, saltando um pouco sobre uma água esbranquiçada. Seguimos por uma estrada nacional cercada por duas fileiras de enormes balizas que na maior parte são vigas escurecidas e mantidas unidas por correntes, parecem feixes de aspargos. Parada no cemitério. Depois Murano: é uma minúscula Veneza com palácios, campanários, um grande canal. Mas os palácios rosa que mergulham na água são muros de fábrica, os campanários são chaminés, o da praça São Marcos é um enorme farol redondo e branco; o grande canal é margeado por casas simples e pobres. Tem um cais. Pequena réplica industrial de Veneza. Retorno à noite pelo cemitério e pelas Fondamenta Nuove. Dois jovens italianos de 25 anos subiram em Burano e se sentam diante de mim. Um deles canta a meia-voz com essa bela voz dos italianos que faria o êxtase das *bobby-soxers*; ele se ocupa em repor no pescoço uma corrente de ouro que deve tirar quando trabalha, para não embaciá-la — vapores de vidro na vidraria?

Veneza está cercada pela indústria. A Giudecca, Mestre, Murano: permanece sozinha, nenúfar um pouco apodrecido no meio dessas fábricas. Em certo sentido é uma cidade-museu como era Rouen, com um coração da Idade Média e um subúrbio industrial.

Perto da ponte das Maravilhas há um grande clarão branco e vermelho: é um florista. Rosas cortadas flutuam na água no meio de fiapos de palha e folhas, no meio dos restos de comida.

Folhas vermelhas de vinha virgem na água do Grande Canal.

A tristeza de Veneza é como um desses frios, ameno e penetrante, que gela lentamente mas seguramente até os ossos. Por quê? Não há mais miséria aqui que em outros lugares ou, em todo caso, ela não é vista. Nada de feio. Belezas suaves e seguras, a água, os palácios, as pinturas. A vida é fácil: não faz frio, um pouco de sol todo dia, o vento se perde rápido nesse labirinto de ruelas; estamos abrigados. O que é então? A morte, dizem. O que é isso? Veneza está morta e está viva. Esses 390 mil habitantes. E essas crianças que correm por toda parte gritando, que são os reis. Veneza é o paraíso das crianças. E há mais morte em Veneza que em Roma? Ou que em Nápoles? No entanto, Roma é tônica. Nápoles causa horror mas não entristece do mesmo modo. Então?

Eu diria primeiro: por causa de sua suavidade um pouco açucarada. As pessoas se entregam. À parte o grande hotel Bauer Grumwald, nada é feio. Não há necessidade de se levantar contra uma feiura. Há uma graça de Veneza que não decepciona jamais, uma graça sempre recomeçada e sempre parecida com ela mesma. Cada *rio* é um todo perfeito, têm todos ou quase todos seus palácios rosa, suas pontes, suas vinhas virgens, seus reflexos, suas barcaças negras. Mas ao mesmo tempo cada um se parece com todos os outros. É certo que nenhum é inteiramente parecido. Mas o que os aproxima é a plenitude. Em cada um, há o mesmo encantamento, apenas o mesmo, o mesmo entusiasmo do olho para ver tudo, e essa mesma decepção sutil que vem do fato de que somos satisfeitos exatamente da mesma maneira. Não há do que se queixar, não se quereria outra coisas, mas é a mesma coisa. Os *campi* são todos harmoniosos e vivos. Todos ou quase todos têm sua igreja e um poço com ricas esculturas, grande floração branca da pedra. E cada um tem sua personalidade, com certeza; o de Santa Maria Formosa não se parece, se se quiser, com o de San Giovanni e Paolo e, no entanto, é sempre o mesmo salão de pedra um pouco teatral, essa mesma tranquilidade que vem da ausência de automóveis. Reina em Veneza, apesar dos gritos das crianças, um silêncio açucarado que vem da ausência dos ruídos de automóveis. Em nenhuma parte há essa ruptura de equilíbrio que em Paris ou em Roma faz surgir bruscamente, em uma rua banal, um monumento radicalmente diferente dos outros. Nada de sacudidas. Veneza fala a meia-voz suavemente, nunca uma palavra mais alto do que a outra. O Palácio Comunal em Siena é um soco na mesa que faz um prato saltar no ar, que faz brotar uma torre de cem metros. Mas Veneza mostra sua força na suavidade, sem desmedida. É como se seus habitantes tivessem tido medo do relevo, de que isso os cansasse. Tudo é plano. Tudo é fachada. Cada palácio tem o ar de um trabalho de marchetaria. Nada que avança nem que recua: tudo no alinhamento. E o alinhamento é suave, com curvas suaves. As superfícies severas dos palácios romanos têm aqui aberturas, tornam-se encantadoras. Nada que se pareça com o palácio Capranica, com o palácio de Veneza.[8] No fundo, sente-se nascer o suave enjoo do açucarado. De resto o turista aí não se cansa. Ele vive na sombra, entre altas muralhas, no fresco. Nunca há dessas ruas ou dessas praças solares que se atravessa com a garganta seca, com chamas nos olhos. Desliza-se sobre a água ou se anda suavemente, sem nunca subir nem descer. O que há é a interseção de uma série de superfícies lisas: uma é um plano horizontal e as outras planos verticais. De resto, as pessoas estão fechadas. Não apenas porque se trata de uma ilha e porque se sabe que só se sai com solenidade. Também porque o olhar, salvo na ripa degli Schiavoni ou nas Nuove fondamenta, jamais se perde nas distâncias. Quase sempre se está no fundo de uma fresta de onde se percebe uma ponta de céu plano e um fundo escuro que interrompe a dez metros o olhar. Facilmente se sofreria de claustrofobia. Aí ainda uma impressão sutil de decepção contínua: estamos habituados a ver de repente as duas fachadas de uma rua passar ao infinito no cruzamento de uma rua, é o que encanta em Nova York. O espaço inteiro se engolfa em uma avenida, nos enviando a imagem de nosso poder infinito. Mas em Veneza somos o homem do conserto, do artesanato porque se vive e se vê de acordo com o prazo imediato, minuto por minuto. Dobramos a esquina na esperança informulada de que um panorama vai se descobrir, mas não, é para redescobrir uma parede a trinta metros. Caminhamos, as paredes se afastam, se estreitam,

---

8. Em Roma.

viram para um lado, viram para outro, estamos sempre prisioneiros. Em relação àquilo de que gostamos não podemos tomar distância, estamos sempre muito perto, é uma cidade para míopes. As grandes empresas não têm verossimilhança em Veneza, a gente se sente artesão, não se pode mais do que remendar, colar de novo, arranjar. As pessoas se perdem nelas mesmas como a gente se perde na cidade. Nunca se pode (salvo artificialmente ao subir no Campanile) ter uma vista de conjunto dela. Roma se contorce nela mesma, nós a vemos, pode ser olhada de todas as partes, é uma cidade de lucidez como Nova York: continuamente se situa o ponto em que se está, mas Veneza é um pouco o pensamento maldito de um tipo perdido pela má-fé que se enrola em si mesmo e que daí não sai. É o contrário da libertação pela reflexão, e nela a gente se sente como um homem que não poderia conhecer a libertação de se ver e de se julgar. Donde uma espécie de abatimento.

E ainda por cima há a água. Primeiro, essa suavidade tem algo de sinistro apesar de tudo. As pessoas passeiam, sobretudo quando se pegam gôndolas, entre porões inundados, passam entre musgos esverdeados; cavernas, grutas negras se abrem à flor da água, os ratos correm sobre a pedra, barreiras carcomidas, escadas quebradas escondem cômodos que se pode pressentir serem úmidos. Toda a vida parece ter-se refugiado pouco a pouco muito acima das cabeças, no segundo andar, no terceiro andar, como em uma cidade inundada. Há uma espécie de medo que desliza no nível da água. Uma angústia mas não corrosiva, insípida no meio da suavidade. Imagino pessoas que vivem muito alto acima de minha cabeça com vinte metros de vazio, de madeira mofada, de ratos e de tatuzinhos abaixo deles e finalmente se desliza entre os ratos e os tatuzinhos, sente-se muito bem embaixo de si o fundo viscoso dos canais. E a água dá tristeza à sua maneira. Em Veneza a gente se entope de água pouco a pouco. A gente se torna uma grande fruta cheia de água como as da Califórnia. A água desbota, empalidece, distende. Sem interrupção vê-se uma matéria sutil, hesitante, recomeçada, sempre recomeçada, mas também sempre inacabada, os reflexos plúmbeos: quero, não quero, quero quero, não quero não quero DANÇAR Não quero dançar Quero DANÇAR, DANÇAR, DANÇAR, eis um pensamento de água, atrapalhado por seu contrário, afastando-se dele, aproximando-se dele, oscilação contínua. A gente a sente mesmo sob seus pés, todas as praças, como a nave de São Marcos, afundaram, ou subiram, arqueadas, meu hotel treme em suas bases quando da passagem do *vaporetto*, toda Veneza oscila sob os pés como um pontão, a gente é invadido pela suave hesitação das coisas naturais, tornamo-nos uma flor aquática, uma suave angústia hesitante e aquosa, um enjoo leve e açucarado, uma tristeza de prisioneiro que não vê mais claro em si mesmo, uma vida sem futuro, eis o sentimento que se tem em Veneza. Aí se está cortado do mundo. Não sinto o mundo fervilhar em torno dela, ao contrário imaginamos uma camada infinita e lunar de água morta. Estamos um pouco na lua.

26 de outubro
Santa Maria dei Frari.
Faz de fato a pergunta: o que é uma igreja? Absurdo do coro em mármore que esconde para a multidão a visão do altar. Há alguns monges, poucos, o capítulo, que cantam com um ar entediado de funcionários. *A Assunção* de Ticiano: confirma que os Iconoclastas tinham razão. A imagem é contra a piedade. Mas a Igreja, melhor política, sempre escolheu o que lhe podia trazer a massa. Sem problema: desde que a arte encontrou sua técnica ela está *contra* a piedade. O gesto só pode ser falso e ímpio.

E que se pense na estranha evolução da pintura do século XIII ao XVI: três séculos de composição sobre assunto imposto com regras. Nada é mais histórico e casual que esse desenvolvimento da pintura ocidental. Mas enfim que um pintor tenha pintado essa Assunção que fede a ausência de fé, que santos homens a tenham aceitado, isso prova que a imagem, de instrumento de propaganda para as massas, tornou-se *oficial*. Ticiano pintor oficial. E os dois monumentos: Ticiano e Canova, das belas-artes oficiais. Está-se na arte oficial até o pescoço e atrás do Ticiano de pedra o artista esculpiu a *Assunção*. Os túmulos dos doges. Belos e frios. E o terrível túmulo do doge Giovanni Pesaro. Os escravos dolorosos substituindo as colunas. A coluna que *suporta* não é dolorosa. A ideia de suportar tornando-se dolorosa e humana. A barbárie de um século em que o edifício social é suportado por escravos. O desagradável do eterno. A brincadeira "Vixit — devixit — revixit", os esqueletos. Decomposição da religião. O doge perora para a multidão.

O monumento a Canova: frio, neoclássico. Retórico.

A estranha igreja: toda uma história, de Bellini a Ticiano, túmulos dos primeiros doges ao último, da fé ao oficial passando pelo barroco. O doge Pesaro tinha vivido como doge *um ano* (58-59). E dez anos antes tinha-se ainda reduzido o poder dos doges (não se coroa mais a dogaressa). Toda a história de Veneza está nessa igreja. Admirável movimento do fecho da abóbada cujos galões vermelhos se lançam no ar e parecem com antenas de lagosta cozida (vermelha). Na época em que uma igreja era um espaço sagrado, o maior, o mais alto e o mais luminoso, até a época em que seu caráter de espaço orientado, vetorial, é desconhecido (coro que tampa a altura) e se torna espaço *morto* entre paredes. Todas essas igrejas encerram um espaço que viveu e que está morto. Não é mais sagrado. Simples guarda-móveis: acumulações de riquezas contraditórias e absurdas. Que pode ser a unidade de um lugar que contém *juntos* Bellini, Donatello[9] e o monumento ao doge Pesaro?

Scuola di San Rocco. Tintoreto. Eu queria falar desse pintor, mas não gosto mais dele.[10] Direi por quê. É um grande pintor, um dos maiores mas falta-lhe alguma coisa. A fé certamente. Mas também uma visão pessoal do mundo. Isso fará rir: o que há de mais pessoal? Essa natureza louca, sinistra, essas luzes, esses movimentos estranhos, essas fugas e todas essas tentativas para quebrar o campo espacial e temporal do quadro, para fazer o tempo entrar no quadro e o movimento *adiante*. Sim mas justamente é um esforço gigantesco e técnico sobre uma visão convencional e naturalista. É Veronese *mais* esse gênio do movimento, da luz e das três dimensões.

O tempo: *O massacre dos inocentes*. Longo quadro de violência que acaba por naufragar fora do campo (elas fogem). Simultaneidade de planos quase incompreensível. Pelo menos três momentos não contemporâneos. Do mesmo modo o cortejo dos Reis Magos. E sobretudo no monte das Oliveiras, simultaneidade de cinema: enquanto o Cristo reza no alto à direita e enquanto os discípulos dormem, chega o cortejo silencioso e mal visível; traços esbranquiçados sobre fundo escuro dos soldados.

9. Trata-se do tríptico de Giovanni Bellini: *Madona e santos* e do *São João Batista* de Donatello.
10. Curiosa reação negativa de Sartre em relação a Tintoreto, que ele estudará de modo detalhado cinco anos depois (extratos de um ensaio inacabado sobre esse pintor foram publicados; cf. *Situations*, IV e V; cf. também *Sartre et les arts*, em *Obliques*, n. 24-25, 1981). Observa-se esse mesmo movimento inicial de recuo diante de Flaubert, cujo estilo ele examina quase com repulsa nos *Carnets de la drôle de guerre*; ele lhe dedicará posteriormente três mil páginas e vários anos de sua vida.

O espaço: ascensão. O Cristo à frente dos apóstolos (embaixo mas menores quando seria de esperar que fossem maiores). Algo como uma imagem que cai e vem atingir o espelho de que ela é prisioneira.

A *Crucificação*: movimento clássico em aparência. Semicírculo. No centro a Cruz perpendicular ao plano onde o círculo se inscreve. Um triângulo cujos dois lados são os raios e o terceiro o arco de círculo. Só que de fato há uma composição temporal em ângulo agudo: primeira posição (como nos livros de ginástica): a Cruz no chão; segunda posição: a Cruz se levanta; terceira posição: o Cristo em cruz. Ao mesmo tempo, a corda estendida e o esforço daquele que a puxa criam uma terceira dimensão. Aqui as dimensões não são propriedades do objeto, meios de situar as pessoas mas ao contrário os objetos estão ali para situar as dimensões, para fazê-las sentir. Todo o quadro visa a projetar a Cruz do Cristo adiante, dupla culminação de um movimento temporal e espacial. Quadro de quatro dimensões: o espaço-tempo, *o acontecimento*. A escada embaixo empurra ainda o Cristo para diante. E, pela primeira vez, ele tem o ar de pender sobre o grupo das mulheres e dos discípulos. Se as mãos fossem desamarradas ele cairia *para a frente*. Pele cinza, a admirável auréola moribunda, seria possível dizer que ela só viverá o que ele viver, as asas de uma mariposa ferida e cinza que batem e não são mais que um halo luminoso e triste.

Humanismo do grupo: a Virgem e uma mulher que se apoia nela. O velho que se debruça sobre a Virgem. A forma que se ergue e vai olhar. Tudo isso é humano porque não é nem a espera mística da Ressurreição nem o esmagamento total da derrota. Será preciso viver sem *ele*. Essa pequena coletividade se organizará, pregará. Sente-se mais que em outros quadros a presença e a ausência do chefe porque são homens. E a dor é sobretudo uma costa pálida que é encarregada de exprimi-la.

Admiráveis invenções. Mas o que ele *sente*? É difícil dizer. Tenho a impressão de que ele substitui por uma visão cinematográfica (ele busca o cinema em relevo) do espaço uma ausência de *sentimento*. As roupas muito ricas dos atores (erro à maneira de Cecil B. de Mille), o rosa admirável de João.

A luz: propriedade dos objetos caprichosamente distribuída. Os objetos têm *luzes absolutas*. As pessoas as veem muito mal.[11] Por que estão ali? Porque foram pintadas ali. Que seja, mas é ainda o respeito da rainha Albemarle. Estranho destino das belas coisas feitas com amor e que se avizinham numa mistura com as mais feias ou que mal são visíveis. É noite. Estranha luz. Lâmpadas escondidas em taças invertidas iluminam o teto (os afrescos são belos mas menos interessantes, salvo Moisés que faz a água brotar) e as telas das paredes são iluminadas pelo reflexo da luz do teto. Em suma, iluminação indireta. Mas é penumbra. Feiura: esse estranho tecido sujo que está atrás do Bellini. Os estetas são uns abstratos. Como podem isolar? Já eu vejo o quadro em toda a sala e isso o estraga para mim. Aspecto *funcionário* da Scuola San Rocco, os velhinhos com os furadores de tíquete e os cartões postais para vender.

27 de outubro

Sentimo-nos menos turistas e mais venezianos porque não faz muito frio. Céu cinza, não muito espesso, de tempos em tempos dois rolos se abrem; entre eles, através de uma velutina gelada e esticada, o sol luz sem brilhar e esquenta um pouco. Ando entre

---

11. As telas.

os pombos, atravesso a praça de São Marcos e vou pegar o barco para Torcello nas Fondamenta Nuove. Um cais rosa à beira da água calma. Pontes em escadas, rosa e brancas, casas rosa que têm lepra. Dois pontões negros e viscosos. Diante do segundo um pequeno barco coberto que parece um charuto, redondo na parte posterior, pontudo na da frente, de uma cor havana muito feia. Está cheio. Atravesso uma galeria envidraçada, onde pessoas estão sentadas, vou sentar-me na parte traseira, ao ar livre, no meio de doze garotos miseráveis que voltam para casa com pastas. Têm de dez a quatorze anos, seus paletós estão rasgados e sujos. São alegres mas não *muito* alegres. Um pouco barulhentos no início e depois se acalmam, recaem nesse silêncio italiano de que nunca se falou verdadeiramente bem, esse silêncio de emigrantes feito de cansaço e de fatalismo, de paciência também. Olham a água. Através do vidro, volto-me e vejo uma massa operária, alguns rostos curiosos, um velho imperador com um chapéu de veludo, mulheres. Essa massa está muito cansada: são duas e meia e esse barco do sábado parece com o último metrô. Homens dormem, apoiados não importa onde ou com a cabeça no vazio, as mulheres sonham; os olhos dessa velha enrugada têm sonhos amargos e precisos. Peles bronze pálido ou bronze verde, pálidas, olhos fundos. Massa meio operária e meio camponesa segundo as roupas. Jovens com músculos duros e nodosos, a postura um pouco dura, forte e anquilosada de operários; velhos com bigodes, de chapéus pretos deformados e desbotados de camponses, calças de veludo cotelê, sapatos enlameados — não há uma poça de lama em Veneza. É argila velha. Vários, um pouco mais bem vestidos, que parecem pela arrumação pobre e cuidada *signori* napolitanos, leem revistas em quadrinho tipo americano minúsculas, há quatro ou cinco pelos menos que abriram a mesma revista de palavras cruzadas. Carregam caixas retangulares de madeira e marmitas. Um deles abre a caixa e vejo dentro panos enrolados que devem ter envolvido pão ou sanduíches. Compreendo: todos esses homens acabaram de trabalhar. Voltam a casa para o fim de semana depois de terem comido na fábrica suas provisões. O pequeno barco havana é um trem de subúrbio. Essa massa cansada é como água morta. Volto-me para a outra água morta, a que nos transporta. Ela é mais branca, mas mais brilhante que a água dos canais do Norte, parece ter engolido um poderoso sol pálido cujos raios sobem e ofuscam. Estrada nacional entre as balizas. Deslizamos ao longo do cemitério sem parar. Murano e seu farol de um branco doentio e desesperado. A laguna. A água torna-se cheia de crostas, longas cicatrizes a ferem, às vezes é granulosa, é como se tivesse a pele arrepiada, não se sabe onde acaba, onde o sólido começa, parece estar se solidificando, um sólido estranho ainda aquoso, vegetal às vezes, animal em outros lugares; há bancos de terra como em outras partes bancos de arenques, bancos de terra morta, de barriga para cima, uma barriga esponjosa e cinza, em outras partes há cabeleiras que flutuam; no meio de tudo isso evoluem pequenos insetos negros e lustrosos, barcaças, gôndolas, os homens de pé, que parecem se apoiar na ponta dos pés de acordo com o compasso, fazem parte do barco e quando se elevam é todo o barco que parece se elevar acima da água. Essa água podre é uma *no man's land*, um terreno vago. É uma paisagem aquática das cercanias de fábrica. De tempos em tempos uma estaca indicadora sai da água, explica coisas. Não se trata, como com frequência vi, de uma água viva feita de tiras sibilantes que açoitam um barco fantasma, mas nosso barco bem verdadeiro desliza sobre uma água fantasma que ora é puro espaço ora está em solidificação. Quando o motor para nas estações, parece que se patina sobre uma superfície perfeitamente unida e depois de repente que se voa. Ar líquido, espaço, bruma, carne, cabelos, terra, tudo, menos água. Para acrescentar a essa impressão o barco não deixa sequer esteira, apenas tagarela atrás dele. Mas entre esse vivo charutinho incôngruo e a água, se não há nenhuma relação, há relação entre essa água morta e as cem pessoas de olhos vazios e com olheiras que ele transporta. Olho esses olhos e vejo neles a água da laguna, brilhante, branca e morta. De repente na galeria, à minha esquerda, uma intensa agitação. Como sempre, quando olho, alguma coisa já começou, vejo costas que se debruçam sobre um banco, sobre alguma coisa que não vejo. Os bancos estão dispostos dois a dois e de frente um para o outro. Contra a janela um camponês de bigode, com rosto cinza, permanece mais ou menos indiferente. Uma torção violenta e como que desesperada agita essas costas, sacode-as como ondas, rejeitam esses quatro jovens para trás, mas eles voltam rápida e suavemente para diante; debruçam-se. Nova sacudida, estranho contraste entre essa violência grosseira e brutal que se apossa deles por um instante e que parece possuí-los e a suavidade de seus gestos quando voltam novamente para adiante. Eles seguram alguma coisa, alguma coisa amedrontada e assustada que se debate. Debruço-me, pessoas se levantaram um pouco por toda parte na galeria e olham. Vejo um rosto congestionado, muito jovem, com olhos fechados, que se ergue e cai de novo e depois de novo há essa sacudida que afasta os que cuidam dele, empurra-os violentamente para os bancos e eles se aproximam, suaves, com precaução, quase suplicantes, um deles se curva sobre esse belo rosto convulsionado e lhe fala em voz baixa, ternamente. Como única resposta, a fera oculta — pois não se pode acreditar que esse corpo que se debate pertence ao rosto que dorme e enrubesce — os sacode, os espalha. Devem conhecer o jovem doente pois alguém diz: "As vezes ele tem isso por dez minutos, às vezes por uma meia hora". As pessoas se calam. Olham. Não todas. Muitas ficaram sentadas. Mas é um olhar estranho, sem escândalo nem medo nem surpresa: um olhar que reconhece mais do que vê. Conheço os pânicos das multidões burguesas quando alguém no meio da rua perde sua dignidade, deixa de ser homem de direito divino para se tornar animal. Há medo então nos olhos ou uma curiosidade sádica e que se assusta consigo mesma. Os mais humanos fingem nada ver (não quero dizer que não se socorre, falo daqueles que não têm nada mais a fazer além de olhar). É o melhor que pode fazer um burguês nosso: ignorar, voltar à sua solidão, fazer como se nada tivesse visto para que, mais tarde, o infeliz, caso recupere sua dignidade, possa crer que ninguém se deu conta de sua abjeção. E outros acreditam dever tomar um ar de luto; por trás desses rostos obstinados, as lembranças dos enterros familiares ou corporativos nunca estão distantes. Quantas vezes pensei, em uma dessas multidões espacejadas — no café, no teatro —, se eu caísse, se começasse a gritar, eu estaria só, totalmente só. Mas aqui não há solidão. Essa crise de epilepsia é um acontecimento que ocorre com todos. E é um acontecimento cotidiano como o cansaço, os acidentes de trabalho, a tuberculose das crianças; aconteceu a essa multidão de esconder uma crise de epilepsia. Olham sem tristeza, sem curiosidade, sem esforços para ver — e aliás nada veem, já que o jovem, agora, está deitado sobre o banco. Não olham: voltam-se para o lugar onde essa multidão de que são membros foi ferida. É como o movimento reflexo de uma rã descerebrada que leva a pata ao local atacado por um ácido. Uma mulher, ainda jovem, pálida, com olhos imensos, começou por se levantar para olhar e depois sem mudar de expressão desviou a cabeça mas não desviou a atenção; permanece de pé, atenta mas sem olhar mais; como se soubesse de cor a cena e como se a visse se desenrolar nela. Alguns não se levantaram mas vejo que a coisa acontece com eles também. A coisa? Não é grande coisa, um pequeno desgosto cotidiano a mais. Há alguns que sorriem, e que sorriem precisamente *disso*, o que nenhum burguês ousaria fazer, pois o sofrimento é obsceno e tem mau-olhado para as multidões com dignidade. Essa multidão aqui não tem qualquer dignidade; sorri aqui e ali mas é como um sorriso de desculpa. De desculpa a quem, não sei. Têm o ar de dizer: "Não dê atenção, não é nada, um pequeno acidente". E essa multidão é tão unida que têm o direito de sorrir, como se cada um *fosse* o epiléptico, como se fosse com ele que a crise acontecesse. Os jovens continuam a segurá-lo, tentam impedir que sua cabeça bata contra o banco, o velho baixou o vidro para que houvesse ar e pôs sobre seus joelhos a grande cabeça tumefacta depois retomou seu sonho calmo e cansado. Olha reto à sua frente, as mãos suavemente postas contra as orelhas do jovem. O que me toca nos que o seguram é sua distração triste. Curvam-se intensamente sobre ele tão logo ele se debate, mas logo que acaba erguem-se e voltam a cabeça com um ar lento, ausente, quase religioso. Para tudo dizer é de fato uma espécie de cena religiosa a que assisto. Não gosto dessas comparações, acho-as em geral insultuosas mas por uma vez bancarei o turista e direi que tive, de modo mais forte, a mesma e singular impressão que diante das telas de Duccio. O acontecimento era tão cotidiano, tão previsto — sob uma forma ou outra — por todos, estavam tão habituados a esses acidentes da miséria em que se deve imediatamente socorrer que tudo se passava quase como um rito. E todos esses rostos que continuavam seus sonhos, poder-se-ia dizer que não distinguiam mais essa miséria da deles, tinham desviado a cabeça, pensavam em tudo, nos impostos, no preço da vida, na mulher ainda grávida, em suas dores de reumatismo e *era a mesma coisa*, era uma maneira de pensar no jovem. Como nas telas ingênuas de Duccio tratava-se de uma humanidade católica e sua acolhida era tão ampla que eu, turista francês e mais rico que eles, não estava excluído. Eu me lembrava de uma crise de epilepsia que ma havia terrivelmente impressionado quando eu tinha catorze anos e me dava conta de que era o horror burguês dos espectadores que me tinha causado horror. Era um domingo em La Rochelle, Rue de L'Horloge, as pessoas endomingadas se debruçavam sobre um homem que sujava suas roupas de domingo. Aqui o acontecimento não é sinistro. Mesmo para *ele*, porque ele não está sozinho. É certamente a amizade dos operários, essa camaradagem tão forte que um dia um comunista que havia sido excluído do partido me dizia: O que lamento é a amizade. Mas é também uma certa amizade italiana que notei cem vezes, essa ternura do homem pelo homem quase sensual e tão pouco pederástica.

Sou tão livre que posso como eles me desviar da cena, olhar a água correr sem me sentir no dever de olhar, como se tem o dever de não rir nos cemitérios. Olho para outro lugar e a cena continua em mim e fora de mim, estou com eles. O barco entrou em um "grande canal" de antes da História entre duas faixas de argila planas e esponjosas. Ali, uma vegetação ruça e dura, aqui acácias selvagens, aqui arbustos. Do outro lado, aparecem culturas: vinhas, romãzeiras; entre as vinhas, o verde-cinza das alcachofras, encontro trechos de terra duros e lamacentos com a argila que eu via entre Siena e Florença. É Veneza. Uma Veneza que não teve sorte. Paramos, é Mezzsorbio. Um campanário com torre de sino ponteaguda está meio tomado pela hera. À medida que o barco se afasta começa a se parecer mais com um enorme cipreste secular. Há outros ciprestes em torno dele, verdadeiros, igualmente retos mas menores. A torre de sino emerge do amontoado negro, na contraluz, ainda rígida, de modo que não se sabe mais se se trata de um cipreste doente e canceroso, cujo câncer é a pedra, ou se se trata do *mineral* que é a verdade do cipreste. Um cipreste que está se transformando em coluna. O barco desliza nos campos, entre as vinhas, os ciprestes e as alcachofras. Para ao lado das vinhas, alguém bate no vidro atrás de mim, é uma mulher: "O senhor desce em Torcello? É aí". Sorrio para ela: sou-lhe grato por ter pensado em mim, por me ter prestado um favor assim como o fazem ao doente impedindo-o de se ferir. É uma maneira de me fazer sentir que sou um pouco — por um momento — um dos seus. No entanto, certamente, é ao estrangeiro de óculos, ao turista, que a mulher dá essa informação: "Ele *só pode* descer em Torcello". Eis o que ela pensou. Mas é como turista que por um instante estou ligado a eles. Desço com pesar, o sujeito continua a se sacudir em seu canto. Na margem, perto do pontão, uma estaca. "Torcello". Escreveram embaixo: *"senza luce"*. Deixo o navio ir embora com esses homens cansados e calmos e silenciosos sobre essa água cansada, calma e silenciosa, com essa dor secreta que se debate em silêncio acima da água, deixo os homens para tornar-me de novo turista, para ir ao encontro da rainha Albemarle e das pedras.

Pequeno caminho — de sirga, como se poderia dizer — ao longo de um canal reto. Reconheço a geografia de Veneza: deixei o Grande Canal para prosseguir pelo bairro do Rialto seguindo um *rio* transversal. Milhares de Venezas abortadas flutuam de barriga para cima nessa água lunar. Esta é uma, um pouco menos morta. Vejo à minha esquerda, à minha direita vinhas e campos. No meio das vinhas, as velas cor de ferrugem de um barco, como que uma borboleta pousada em pâmpanos. Tudo é úmido, como se afundássemos na lama. Uma ponte veneziana, mas sem parapeito, outra. Eis Torcello, isto é, um hotel, um museu, duas igrejas e três casas. Sobre uma ponte veneziana: *"Vogliamo la luce"*. E depois: *"Luce! Luce! Luce!"*. S. Fosca é puro encanto com seus pórticos elevados e a ornamentação rosa que cerca sua cúpula. Mas não se tem a sensação de tranquilidade campestre que certas igrejas românicas inspiram no meio dos campos. Isso não é campo, é água condenada a ser terra, não é uma ilha também, é algo flutuante e inominável, um velho bote que faz água de todos os lados e acabará por afundar. Na igreja um padre põe uma dúzia de crianças para cantar. Entro na catedral. É bela, clara e luminosa, embora haja poucas janelas em sua alta muralha da direita e nenhuma na parede da esquerda. Luz loura que cai obliquamente nessa catedral rosa-claro que parece totalmente nova. Sem cadeiras, sem ornamentos, uma grande nave vazia, abandonada, mas se diria que se trata mais de uma construção inteiramente recente e inacabada do que uma ruína. Colunas, capitéis. Mas de repente o estalo, é como se se fechasse a porta e a *coisa religiosa* se manifestasse. Na abóbada da abside, sobre fundo de ouro, uma longa mulher rígida e flexível se curva sobre mim. É a Mãe de Deus. Seu corpo é imenso, como se vê por comparação com os pequenos homens barbudos e aureolados que ela esmaga sob seus pés. É verdadeiramente a deusa-mãe, longa e sinistra, saída de um estranho matriarcado camponês. Sei que o tema da Virgem com a Criança, desde o século VI, adquiriu uma importância considerável nos mosaicos. Nunca vi, em qualquer ingreja, sobretudo do século XII, época em que a própria Imaculada Concepção era contestada, esse esmagamento dos homens pela Mulher. Sem dúvida ela tem o Menino Jesus nos braços. Mas ela não o olha. Em Parenzo, pelo menos os anjos a cercam e o Cristo, menor, é representado em um registro acima dela. Em Roma, na abside de Santa Maria [in] Domnica, os anjos se comprimem em torno dela e ela tem nos joelhos o Cristo que abençoa. Aqui ela está inteiramente sozinha sobre essa poeira de ouro. Ela não se preocupa com a criança. Alta figura implacável, ela *olha*. Ela olha *você*.

Aonde quer que você vá, esse olhar dos grandes olhos redondos *o* seguirá. Cai sobre você do alto da abóbada como a luz, penetra como a foice. Pesado olhar sem sorriso; a boca é reta, implacável, uma ruga de amargura e de desprezo da narina esquerda à comissura dos lábios. Ela mostra o menino, mas sem o ver, ela o mostra para nós ao mesmo tempo que nos olha como se se tratasse de uma razão suplementar para ser severa: "Pois bem, você sofreu, mas eu: olhe esse menino que me fizeram à força e que morreu ignominiosamente quando comecei a gostar dele. Sofri *para ter o direito* de condenar você". Se o fiel se volta para escapar ao fascínio, se dá um passo em direção à parede da entrada para fugir, a armadilha se fecha sobre ele, ele se encontra cara a cara com o Juízo Final, com seu Juízo. Dois anjos imensos lhe barram o caminho e, logo acima da porta, a Virgem ainda, com as mãos erguidas, indecifrável, o espera. Só lhe resta passar para a abside da nave da direita onde um Cristo impenetrável mas que por sua vez pelo menos não o olha, Deus menor, príncipe consorte, o espera, distraído e abençoador, ocupado com seus próprios problemas. Só ali a tensão é menos forte, só ele recupera a força de se humilhar, de confessar seus erros, de suplicar ao Cristo para intervir junto a sua mãe. Raramente vi encenação mais admirável. Se se pensa que na época os olhares dos homens pintados não tinham perdido sua força, que não tinham sido desvalorizados mostrando-os nas paredes do metrô, nas estações, pode-se conceber o terror que essa abóbada esmagadora fazia pesar sobre as almas. Essa imensa criatura diante da condenação eterna e que, longe de interceder como fará mais tarde, olha com olhos implacáveis como se ela própria fosse o juiz, não acredito que as propagandas totalitárias tenham algum dia feito algo de melhor que ela e se compreende que o patriarca Nicéforo tenha dito a um imperador iconoclasta que "a visão leva muito melhor que a audição à crença". Trata-se de cartazes eternos e os seres que neles estão representados têm a bondade obscura dos fascistas e dos heróis de Claudel, essa bondade que nunca vemos, que dizem ser o contrário de uma dureza impiedosa e que devemos reconhecer no medo.

Atrás do altar há degraus: desço, reencontro a laguna, essa ilha tem buracos, a igreja faz água, vai afundar.[12] Aproximo-me da do Juízo Final. O Cristo na Cruz entre a Virgem e são João, embaixo o Cristo ainda, mais a assembleia celeste com os Apóstolos e ainda essa cena admirável: os anjos da Terra tocam trompa — parece que tocam flauta — diante de uma gruta, leões vomitam os corpos que comeram, os anjos da Água sopram nos cornos e homens saem do ventre dos peixes; um deles, os braços no ar, ainda pela metade dentro da goela do monstra, já adora.[13] Há uma poesia tão primitiva sobre a força da conjuração, sobre a força dos sons encantatórios, que pensamos em Orfeu e seus mitos. Dois belos anjos vermelhos e demoníacos que parecem com o do Tintoreto (*Tentação do Cristo*) enfiam os condenados no inferno a golpes de garfo. Mas como se pôde pretender que as figuras dos diabos com chifres fossem góticas e não gregas? Nesse mosaico do século XI, logo acima da Virgem, vejo dois belzebus perfeitamente clássicos com o focinho negro e os chifres. Em compensação, encontro esses anjos admiráveis com preponderância das asas que o naturalismo do *Quattrocento* fez desaparecer. Por um admirável movimento contrariado as duas asas deste recaem uma sobre a outra em golpe de foice, deixando descobertos ape-

---

12. Essa frase, na página esquerda (que ficou vazia) do manuscrito, está ligada por uma remissão ao que precede. Mas se se considera a sequência da visita, pode-se perguntar se o autor não terá se enganado.
13. Como Blanchet pôde escrever em seu excelente trabalho sobre o mosaico que os animais, no dia do Juízo, *comiam* corpos humanos? (N. do A.)

nas seus pés. Acima de sua cabeça aureolada duas outras asas se encontram. Impressão de poderoso repouso por interferência dos dois movimentos, impressão também que ele deve se mover turbilhonando como um helicóptero. Pergunto-me por que gosto tanto dos mosaicos?[14]

Saio, subo ao campanário por séries de planos inclinados. Vejo a laguna ao contrário. Um espelho que se escama e se embaça em certos pontos, em outros o vidro está coberto de musgo, veludo, escamas, cogumelos. Todas essas terras têm a frialdade mole dos polvos e das medusas. Entre dois desertos de terra compacta, barcos se arrastam em um canal, mais adiante traços escuros, como que salinas, viveiros de ostras. Ao longe Veneza flutua, plana com três ou quatro campanários. Abaixo de mim há uma catedral em um pomar flutuante. Desço. Penso nessas multidões aterrorizadas que sob o olhar da Grande Deusa se fecham nesse navio de pedra, e penso nessa outra multidão que vogava em um outro navio, apagada e cansada e tão humana. Estranho mundo de banquisas floridas. Desço. Tomo de novo o pequeno barco-charuto. Desta vez está deserto; somente alguns *signori* com pastas de couro voltam de Burano para Veneza. A noite cai. Olha a paisagem mais rudimentar que há, uma água plana e desvitaminada, postes telegráficos espetados como uma almofada de alfinetes e que seguem ao infinito apagando-se pouco a pouco. Ao infinito, sim. Uma paisagem, quando se acredita nela, parece que prossegue por toda a terra. Toda a terra é um arquipélago em uma água morta, o homem salta de ilha em ilha como uma pulga. Planos horizontais e linhas verticais, é tudo. Com o céu escuro, Veneza se acende. A água se espessa, torna-se óleo

---

14. Segue um traço limitado por duas cruzes (x---------x) que indica que um desenvolvimento deveria ser incluído aqui. Poderia ser a passagem assinalada por nossa nota precedente.

e depois desaparece sob o céu negro, borracha Espuma. Daria para andar sobre, ela afundaria um pouco e reapareceríamos um pouco adiante. Aliás, à direita e à esquerda, santos de madeira andam sobre a água, se nos afastamos, vemos suas formas misteriosas que se afundam no escuro. Ao longe a luz pálida de duas lâmpadas horizontais de néon de Burano. Passamos perto da grande massa escura dos cemitérios. Depois o barco nos deixa nas Fondamenta Nuove, retorno a um dédalo de ruas escuras, ainda não saí do barco, sinto a água por toda parte, subo uma escada, é seguramente uma ponte sobre um *rio*. Desço a ponte e paro bruscamente: entre as falésias abruptas uma lâmpada pendurada joga uma longa claridade trêmula a meus pés, sobre essa claridade caminham homens. Os venezianos caminham sobre a água, têm o hábito, se avançar afundarei. Preciso de um instante antes de rever essa substância negra como um solo firme.

Primeiro *dancing*: um salão de barco com teto muito baixo, de cimento armado, com cadeiras de plástico, pequenas mesas redondas com toalhas brancas. Uma orquestra moribunda sussurra músicas batidas de antes da guerra, três *taxi-girls* decentes e chateadas em uma mesa. Casais italianos e estrangeiros nem bonitos nem feios, que dançam mal. A gente se sente em qualquer lugar, mas na província. Uma província rica que se respeita.

Segundo *dancing*: um longo corredor, tão longo que parece deserto. Em cada mesa ou quase, mulheres desocupadas, feias e tristes. Uma com uma mecha branca no meio de uma cabeleira ruiva voltou graças à paciência até o reino vegetal. Uma outra que não deixou o reino humano parece uma professora primária, nervosa e inquieta; tem tiques e parece perdida. Pôs sua grande bolsa preta sobre a mesa, é a única a consumir entre as profissionais, bebe uma aguardente de qualidade e um café. Do bar onde uma eletrola emite a música do *dancing*, casais que consomem ali para não pagar muito caro vêm dançar depois voltam. A sala recai então em seu torpor taciturno; uma bonita jovem entediada está com um velho que se diverte, o proprietário conversa com dois bigodudos de rostos achatados, gêmeos. Duas moças saudáveis e vulgares esperam em uma mesa. Pela meia-noite e meia vão tirar a roupa e voltam três vezes em diferentes estados de seminudez a agitar-se dançando. Não sabem fazer nada mas o público as aplaude polidamente. Uma música melosa durante esse tempo.

O cheiro de Roma: seco, profundo e apimentado, a sálvia.

A praça de São Marcos mudou de sentido para mim. Era a praça dos Doges. É agora a grande praça de uma cidade de província, onde os habitantes vêm porque é a única onde se tem um pouco de espaço para passear. Mais estrangeiros. Venezianos. Ela é aliás muito grande para eles. Ficam do lado norte onde tem sol pela manhã e à tarde música, e toda a metade sul fica deserta.

As mulheres italianas conservaram a naturalidade de Stendhal. Admiro como sabem entrar no restaurante, no *dancing*. As nossas procuram uma atitude. Elas não. Os homens também. Quando vejo um homem sóbrio com os cabelos penteados com austeridade e que representa o tédio distinto dos fortes, o homem de ação em repouso, penso que é um francês. Nove vezes em dez tenho razão. Vistos da Itália, como passamos por nórdicos!

Todas as noites na praça de São Marcos é como se tivesse havido uma batalha de travesseiros. São os pombos que perdem as penas.

Outono: as vinhas virgens perdem as folhas, elas caem nos canais. A água dos canais, em certos lugares, é uma tisana.

Veneza é de pedra e está cercada por água, o que é bom. Mas é perseguida por um elemento fantasma: o esponjoso. Achamos que o solo se afunda sob os pés. Pressentimos a argila no fundo do canal. Eu mesmo me sinto esponjoso.

Os mosquitos.

Um jardim abandonado atrás das grades. Figueiras e, sob o céu cinza, uma bananeira.

À noite sob o soalho pressentimos porões inundados onde a água se mexe vagamente.

As moscas e os ratos são os animais *naturais* de Veneza. Cães e gatos são importados.

É em Veneza que há as maiores telas do mundo: Tintoreto, Ticiano, Veronese, mesmo Carpaccio, com as mais vastas perspectivas. Em Tintoreto particularmente. E é a cidade que tem menos espaço, menos perspectivas, onde a vista é sempre impedida. Imagino que o sentido do espaço nesses pintores é uma luta contra a estreiteza das ruas venezianas, uma defesa contra a claustrofobia.

"Essa religião da Itália, a crença na *jettatura* que vem antes da religião cristã."

28 [de outubro]
Belo sol. A água do Canal está azul de barrela. Uma luz miniaturista que desenha cada pessoa, mesmo a mais distante, com minúcia. Luz individualista que distingue e separa, ignora as massas. Multidão vermelha e negra. O domingo de província instalado por toda parte chega a mudar o aspecto da praça de São Marcos, faz dela uma província internacional. As famílias com as crianças. Na margem da Giudecca, o casal e a filhinha de azul com tranças: todo o resto desaba. É isso que é *verdadeiro*, a situação atual da família europeia, essa família de toda a Europa. Nada mais de doges, nada mais de nada. Essa família triste na contraluz sob um sol pálido de cobre, fazendo seu passeio dominical num cais à beira d'água.

Período agradável em que os gondoleiros podem ser vistos ao mesmo tempo como representantes vivos de um passado desaparecido e como possuidores de um meio de transporte obsoleto.

"Ele tem a aparência de estar tediosamente girando uma manivela." Certo. Nunca Henry Bordeaux teria dito isso. "Uma armadilha delicada."

Por que viajo pela Itália? Como a maioria dos franceses, porque o câmbio é favorável. Somos como os salmões: eles abrem seu caminho, dizem, entre muralhas de água cujo teor em sal ou cuja densidade é muito forte. O turismo francês segue as linhas de menor pressão do câmbio. Este ano o francês invadiu a Espanha. Gosto da Espanha, aonde já fui com frequência. Não voltarei lá mais enquanto Franco estiver no poder. Outros vieram à Itália, talvez aqueles que o regime espanhol repugna.

Tintoreto: fim do Renascimento, início do barroco.

Ticiano: homem da corte — Tintoreto: menino das cidades a serviço da rica burguesia e de suas instituições de beneficência.

Ticiano: individualiza seus retratos (de corte).

Tintoreto: universaliza (*massas* e sentimento burguês do universal). Mais tarde, universaliza ainda abandonando a cor pela luz.

Pintura: meio de comunicar com a massa. *Mass media*. E em Veneza: comemorar a grandeza da República. Comunicavam com o povo no amor da cidade. Pintura monumental, pomposa e *coral*. Empreendimento técnico coletivo aliás.

Tintoreto: "O homem de Shakespeare. Grandeza das paixões humanas".

Nele a luz não é pesquisa objetiva: não é problema científico pois se difunde segundo impulsos psicológicos e plásticos, não é um fato físico, não se sabe de onde vem sua fonte.[15]

O massacre dos inocentes: "Giotto, por suas sínteses formidáveis e suas transfigurações da mímica sentimental no rosto das mães, visa a exprimir antes de tudo o drama humano dos indivíduos. Em Tintoreto o sentido dramático é mais unitário e difuso: o drama não é mais o das pessoas, assume uma significação cósmica e universal; não é o indivíduo mas o gênero humano que lhe interessa. O terror das mães, sem saída, se realiza em um movimento sísmico" (Coletti).[16]

Tintoreto: "Seu drama é nosso drama. O de um tempo de crise. Contradições".

---

15. Nota do autor ao lado dessas últimas linhas: *Tintoreto: pinta* a paixão. (*Giotto pintor* de ação) *Ligação com a Contra-Reforma*.
16. L. Coletti, *Tintoretto*, Bergamo, 1940.

A Itália desaba no século XVI sob o domínio espanhol.
Veneza está a ponto de ser arruinada pelos turcos e a descoberta da América.
A Contra-Reforma (Concílio de Trento), Inquisição, desconfiança, hipocrisia.
Fim de uma época de inocência artística e científica, de um humanismo equilibrado. Tintoreto retoma a herança desse humanismo mas o faz explodir pelo barroco.

Em Veneza, correndo pelas anfractuosidades úmidas, sentimo-nos transformar em pulgas-d'água.

O cristianismo, para um romano, é uma mudança de ponto de vista, de cultura, de concepção do mundo. Mas para os homens que, em torno de 1550, descobriram com uma angústia nova que o mundo humanista do *Quattrocento* desabava, nada havia de novo para pôr no lugar. É no quadro desse humanismo romano e florentino que eles conhecem sua angústia, é nas formas do classicismo que vão exprimi-la; ela é inteiramente negativa, marca uma ruptura de equilíbrio nesse humanismo, mas as técnicas da pintura, o conhecimento do corpo humano e as tradições como os assuntos religiosos permanecem obrigatórios. Trata-se sobretudo de uma intumescência desses elementos que são trabalhados por uma força interior que não pode nem lhes preservar sua calma antiga nem fazer esses quadros explodirem. No fundo, é uma tempestade que se abate sobre os personagens de Ticiano: eis Tintoreto. O gesto de Ticiano é *clássico*, isto é, é *típico* e amplo. De fato esse classicismo é uma visão do espírito. Ele não alcança a realidade e transforma as tradições bizantinas em ópera-cômica. O gesto bizantino de adoração era *um signo*; o de Ticiano se torna uma expressão de mau ator. Mas ele agradava então porque as pessoas aprendiam pela visão o alfabeto da mímica. Só o respeito nos impede hoje de achar esses gestos insuportáveis. É verdade que esse gesto era um gesto humano e equilibrado de adoração. Era a passagem ao absoluto, ao perfeito, do movimento. Ele se tornava *gesto nobre*. Mas eles não viam que o ato feito para ser bom é propriamente insuportável e que, já que se acreditava em seus personagens, eles é que pareciam escolher intencionalmente seus atos para fazer deles gestos nobres. E os personagens se tornam para nós insuportáveis.

Tintoreto herdou de Ticiano essas atitudes e essa arte da composição, mas onde Ticiano utiliza unicamente os atos para que os gestos sejam belos, Tintoreto vai servir-se dos gestos, dos gestos nobres, concebidos como um alfabeto mímico, portanto herdados, para exprimir sua própria angústia. Ou seja, encontramos o gesto de ópera mas exagerado, inserido em um outro movimento e exprimindo em ligação com outros gestos igualmente exagerados alguma coisa de indizível que é justamente o *sentido* ou, se se quiser, a própria angústia de Tintoreto. É a partir daí que nasce o barroco que não é a substituição dos gestos clássicos por movimentos barrocos mas que é uma espécie de lepra do gesto clássico. Tintoreto leva à frente esse gesto até fazer dele um elemento de um imenso movimento de conjunto. Em Ticiano todos os personagens são equivalentes em um faustoso cortejo muito veneziano, em Tintoreto o cortejo se perturba e os movimentos ainda se equivalem mas em um turbilhão alarmado. De modo que fui injusto ao censurar Tintoreto por nada *sentir*. Preconceito individualista: é verdade que um a um seus personagens nada têm a nos *dizer*: suas expressões melodramáticas e forçadas correspondem exatamente a um vazio. Tintoreto *não olha* os rostos ou os movimentos: ele parte do academicismo e o deforma simplesmente. Mas é verdade também que o que ele tem a nos dizer, é o conjunto do quadro como relação de volumes, de movimentos, de cores e de luz que deve exprimi-lo. Olhar *um* gesto e se irritar com ele, é como escutar uma nota e julgar o trecho a partir dela. Isso é tão verdadeiro que sabemos hoje que em seu trabalho de ateliê ele tinha à sua disposição uma grande quantidade de personagens que não tinham encontrado lugar em um quadro e que ele punha em outro. O que contava, portanto, era o conjunto, e os personagens extraíam sua significação do conjunto onde eram postos e eram postos no conjunto se concorriam para o movimento total.

Para isso concorriam dois fatos: o fato de trabalhar em equipe e o de trabalhar para uma equipe. Ticiano frequenta e pinta reis, papas, e os individualiza. Tintoreto, filho do povo, trabalha para ricos burgueses organizados em confrarias, para igrejas ou para a administração (palácio dos Doges). Os burgueses, é certo, não eram nossas "massas", mas tinham sua dignidade a partir do fato de pertencerem a uma coletividade organizada e é para essa coletividade que Tintoreto deve refletir sua imagem. O quadro na origem é coletivo. Não é mais um meio de falar às massas de Deus, nem mesmo da grandeza de Veneza, mas é um meio que uma associação tem de se fazer refletir seu poder e sua riqueza e sua coesão. Pedem-lhe então o quadro *coletivo* cujo modelo é a cerimônia coletiva. Não é mais a cerimônia pomposa do governo (salvo o *Paraíso* dos Doges), mas é de qualquer modo o grupo que se impõe aos indivíduos com lugar e efeitos de conjunto (confraria, corporação). Naturalmente o tema é religioso — e não é um pretexto, — mas exatamente como nessas sociedades a finalidade (caridade, cuidar dos doentes) é religiosa embora a finalidade profunda seja política e social. Trata-se de uma pintura que não se destina nem à doutrinação das massas nem ao usufruto de um único mas que deve refletir para uma comunidade, através do meio religioso e seus temas religiosos, sua dignidade sagrada. Nada o mostra melhor aliás que o teto da igreja de são Roque. G. Lorenzetti (*Venise et son estuaire*, 1926) escreve que "os episódios desse ciclo... parecem corresponder a um único esquema simbólico e filosófico preordenado que se agrupa em torno de três conceitos fundamentais expressos nas três telas maiores do teto: Moisés alivia seu povo com a água que faz brotar do rochedo (milagre da água), Moisés que cura o povo das mordidas da serpente (milagre da cura), Moisés que aplaca a fome de seu povo com o maná (milagre do pão): sede, fome, doença, os três flagelos físicos da humanidade, a cuja diminuição são Roque dedicou sua vida e a Escola toda sua atividade". Ou seja, não se simboliza apenas o *flagelo* mas também quem o cura em todo o seu poder. Com a força mágica de são Roque, a Esola inteira se torna Moisés e faz brotar água ou descer o maná celeste para o povo. Acrescentemos que a maior parte do tempo a disposição e o número dos personagens são fixados por contrato ao mesmo tempo que o tema. Vê-se portanto que o quadro terá, além de uma organização herárquica de uma coletividade, a presença, a título de apoio ou de beneficiário passivo, da massa cuidada, alimentada, aliviada ou governada.

Ao mesmo tempo a tela, tema coletivo concebido para uma coletividade, é executada coletivamente. Isso explica que Tintoreto, o primeiro, deixe ver seu trabalho. Sabe-se que ele trabalha rápido: é cognominado Tintoreto, o Raio. Vai como o raio, pincela grandes traços, os outros pintarão o detalhe. Sozinho, o equilíbrio entre o detalhe (trabalho acabado) e o conjunto teria sido rompido talvez em favor do detalhe. Em comum, tudo vai bem: é o conjunto que lhe interessa e que ele pinta a grandes traços. E justamente por causa disso, ele se põe o problema do conjunto e quando o resolveu a fatura desse detalhe não lhe interessa mais. O conjunto, ou seja, o movimento, a profundidade e a luz. Concebe-se que o quadro pintado por grandes superfícies seja primeiro luz, massa e movimento, compreende-se também que os personagens só apareçam para manifestar a luz, permitir-lhe pousar; são concebidos para revelar essa avalanche de ouro ou essa treva mas jamais em função delas mesmas. É por isso que Cézanne podia chamar Tintoreto *o* pintor. Encontrava nele, o primeiro talvez, o domínio absoluto das partes pelo todo.

Isso explica sem dúvida alguma sua curiosa maneira de apresentar o *essencial*, isto é, apesar de tudo, o *indivíduo* já que a cena recorre sempre a uma mitologia religiosa onde indivíduos divinos ou semidivinos aparecem. Para dizer a verdade, ele lida muito bem com o quadro puramente coletivo como por exemplo *O massacre dos inocentes*. Mas é obrigado a introduzir o individual. Ora, no desencadeamento obrigatório de turbilhões em que se leva o gesto e a cor ou a luz de cada detalhe até obter o movimento pelo puro gesto estético, apresentar um indivíduo enfatizando o gesto ou a cor é necessariamente fazê-lo entrar na dança e nada mais. Mesmo que seu movimento seja mais forte, suas cores mais vivas, ele não será menos tragado pelo conjunto. Em vez de introduzir o tema principal nesse turbilhão de forças, ele ao contrário faz dele essa zona de repouso que está no centro do turbilhão. Atrai a atenção não por forçar os traços mas ao contrário insistindo menos neles. Por exemplo, em *L'ultima cena*, seu último quadro, o Cristo, é verdade, está geometricamente no centro do quadro, mas segundo as leis da perspectiva está no quarto plano e é menor que a maioria dos personagens, assim como em *A subida do Calvário*, ele não está nem na parte mais alta nem no primeiro plano mas no meio da subida que dá voltas. A atenção é atraída porque se fala em voz baixa, princípio adotado por certos professores. Donde um curioso descentramento dos quadros, que são mais importantes ali onde são menos ruidosos, menos móveis. É como uma espécie de dificuldade, nessa república ciumenta e desafiadora, para reintroduzir o indivíduo. Não é aquele que se faz notar, é o outro ao contrário que sabe passar despercebido.

A partir daí compreendemos que para Tintoreto um quadro é um problema, sempre o mesmo, de *pintura* e que é esse problema que indica sua inquietação.

Seu problema é como pôr *todo* o homem em um quadro. Problema moderno. É a passagem do espaço-conceito de Leibniz ao espaço kantiano. Antes dele, certamente, conheciam-se as leis da perspectiva, mas naturalmente se põe em primeiro plano o que é mais importante para o tema e no fundo, diminuindo progressivamente, o que é menos importante e finalmente a paisagem. Assim o espaço é ao mesmo tempo uma ordem conceitual e uma disposição espacial; desse modo não há verdadeiramente espaço, já que nos interessamos menos pelo que vemos menos. Haverá espaço quando procurarmos ver ao longe o que nos interessa mais e quando a distância nos impedir de ver bem. Assim o espaço como *sensível* é a resistência absurda à ordem intelectual. Se o Cristo está no primeiro plano, não há espaço. Se está distante mais atrás e o vemos mal, há espaço.[17] O esforço de Tintoreto é para dar três dimensões ao quadro, portanto para restituir ao espaço seu absurdo. Mas daí resultam duas consequências: a primeira é que ele mergulha de novo o homem em um meio hostil e absurdo, como diria Camus. Até aí a disposição finalista dos personagens subordinava o espaço ao homem, era o espaço pré-copernicano. Com Tintoreto a Terra gira, mas, por isso, o

---

17. Nota do autor na margem:
    O Deus escondido (*nos jansenistas — Tintoreto*). *A contradição.*
    Patético: *o homem é* bom. *Torna-se mau.*
    1) O convencionalismo dos personagens: Deus presente.
    2) A transformação do espaço. Deus oculto. O homem perdido no mundo.

homem está perdido no espaço. Assim, o drama humano não é mais a relação com Deus em um universo feito para ele, mas é também o fato de estar em um mundo que não é feito para ele. E esse esforço puramente pictórico parece-me traduzir justamente o desnorteamento da época (descoberta da América, nova concepção do céu, verdadeiro desabamento do mundo da Idade Média). Há um irredutível nas telas de Tintoreto, que é o distanciamento. Assim o drama é como que visto de fora. O espaço se fecha sobre a humanidade e a totaliza. Os grandes clientes de Ticiano não teriam permitido isso: era preciso que estivessem no primeiro plano e no fundo eles é que olhavam o homem que passava na galeria. O homem pintado é um absoluto. Ao contrário os clientes burgueses e igualitários não se chocam com essa modificação do quadro. Mas segunda consequência: o quadro não olha mais, portanto ele é visto. Há uma transformação *radical* entre a Virgem de Torcello que *me* olha e esses personagens de Tintoreto que são olhados. Pois é *em relação a mim* que os personagens vão ordenar-se de maneira *absurda*. Sou eu que desejaria ver o Cristo de mais perto e que não chego a isso. Se não é *por nós*, esse Cristo não estaria ali onde não é nem menor nem maior do que é: ele é, simplesmente. Dispostos por ordem de importância decrescente, os personagens tinham uma existência absoluta que eles nos impunham e seu tamanho era uma propriedade; finalmente, tínhamos chegado às diferenças de tamanho dos bizantinos, só que essas diferenças eram justificadas pela perspectiva. Mas se as dimensões não são mais absolutas, então são relativas a suas posições em relação a uma testemunha que sou *eu*. Tintoreto inventou *o espectador de quadro*.[18] É por isso que ele é ao mesmo

---

18. Nota em diagonal na página esquerda do manuscrito:
    Reinventar o espectador. Portanto *ponto de vista relativo.* Portanto *pintura pura: não é mais* o objeto *tal qual ele é mas tal qual ele parece.*

tempo moderno e não tão moderno assim: é uma revolução em relação à pintura anterior, e isso anuncia o impressionismo mas não o cubismo e as sequências que querem reintroduzir o absoluto no quadro, portanto fazer do espaço uma propriedade do objeto. Dizem que se trata da pintura *subjetiva*. Mas não penso que a finalidade de Tintoreto fosse recuperar o subjetivismo do pintor ou do espectador. Ele queria recuperar o espaço tal como é vivido por nós, com suas distâncias intransponíveis, seus perigos, seus cansaços, pensando que se tratava da *realidade* absoluta do espaço e foi isso que o fez encontrar, independentemente de si mesmo, a subjetividade. A partir daí ele se preocupa profundamente com isso. É sempre *em relação* a nós que ele constrói seus quadros. Se me deu a impressão de um encenador, foi porque faz de sua tela um teatro porque se preocupa com o efeito em um espectador. A profundidade.

Mesmo desenvolvimento no tempo.

_____ a luz. (Invenção caprichosa.

Propriedade do personagem.)

O movimento.

Que resulta disso? É que o acontecimento se torna alguma coisa [a que] se assiste e que tem seu tempo próprio, seu espaço, onde esses personagens se perdem e se debatem. O homem não é um outro homem na tela, que me olha e que eu olho, uma aparição absoluta, meu igual, meu par, como um retrato do *Quattrocento*, ele é *visto sem ver*, por alguém que não pode ser visto e que vê, que está apenas obrigado a manter em relação aos personagens uma distância absoluta; em suma, é visto por um outro que não o homem. Um acontecimento no sentido einsteiniano em um espaço-tempo, devir e desordem para a humanidade pintada, para mim silêncio e repouso de uma tela, eis um quadro de Tintoreto.

O homem visto por um ser que está fora da humanidade. Vejo a humanidade e seu drama. E sentimento ambíguo do espectador pois enquanto vê ele é Deus e sente seu poder soberano, mas enquanto é semelhante àqueles que são vistos ele sente obscuramente e até o mal-estar que está abandonado e perdido no mundo e que pode ser visto sem ver. E a condição do homem lhe parece como *barulho e furor* vão, história idiota contada por um louco. Ao mesmo tempo em que, como pela beleza dos versos de Shakespeare, essa estupidez é velada pela beleza dos movimentos de conjunto de Tintoreto. É ao mesmo tempo o mundo do ato que desaparece. Já o maneirismo dos florentinos do século XVI e finalmente de Ticiano o havia transformado em gesto. Tintoreto o transforma em paixão. Essas perturbações que nunca me dizem respeito e que são gestos bombásticos são puras paixões. Espanto, terror, desmedida, angústia, loucura, eis os *estados* do homem de Tintoreto. Vejam-nos arrastar-se de joelhos (*Ceia* de 1565, San Polo), rastejar para receber um pedaço de pão místico, jogar-se para a frente ou para trás e vejam o próprio Cristo, braços estendidos, por demais ocupado. São homens presa da paixão que os leva, que faz deles o que ela quer. É o homem de Shakespeare, escravo das paixões, sempre agido, nunca agindo, mas ao mesmo tempo formidável de energia e de movimento. Tanta energia para ser finalmente agido, eis os gigantes de Tintoreto. Nessas preocupações propriamente pictóricas descubro a inquietação do artista, ainda artesão, fornecedor de burgueses que por sua vez estão afastados da política, e que, impotente, assiste ao desabamento de um mundo que o cerca e que é seu mundo. Assim, Tintoreto, pintor de burgueses, reflete a crise econômica e religiosa de um mundo que muda, em relação ao qual nada pode; ele reflete a angústia da passividade e da ignorância e o pressentimento de cataclismos cósmicos que são aventuras da humanidade. O sentido dessas telas colegiais[19] e pintadas para colégios é que elas retratam a humanidade inteira em cada uma delas como objeto passivo de cataclismos, perdido em um mundo que não é feito para ela, e que elas a retratam apenas com seus próprios meios, ou seja, com as técnicas e as tradições de um humanismo feliz que fazia de um quadro um doce balé amaneirado.

Entre Siena e Duccio, entre os pintores dos Uffizi e Florença, estabelece-se uma relação imediata. Entre Carpaccio, Gentile Bellini e Veneza também. Entre Tintoreto e Veneza não. Ele nunca viajou, nunca quis deixar Veneza e nunca é Veneza que ele pinta. Nem qualquer outro lugar: é o espaço, a luz e o tempo *por toda parte*. Estranha desorientação quando se entra em San Rocco.

A praga: os mosquitos. Tenho vinte deles em meu quarto. Passo diante de uma farmácia, entro: eu queria alguma coisa contra os mosquitos. "Senhor, diz-me ele levantando os ombros, em 20 de outubro *não há mais* mosquitos em Veneza." Intimidado, vou embora.

29 de outubro
Luz de outono. Não, de inverno. Da passagem do outono ao inverno. Seca e suave, um pouco melancólica, dá uma espécie de recuo, de menos insistência às coisas. Sempre distintas como miniaturas, não se impõem, elas se propõem: alguma coisa está em via de acabar. Ao mesmo tempo, uma espécie de alegria terna, como um sorriso. Para os lados da estação, atividade incessante. Vaivém, feiras, polvos moles e cinza sobre bancas de madeira úmida, flores, livros usados. Entro em um bar, um buraco

---

19. O adjetivo, neste caso, refere-se a "colégio" no sentido de "corporação" (trata-se da "scuola", sede de irmandades venezianas). (N. do T.)

na parede, não mais que isso, e peço um café. Procuro em vão bebê-lo rapidamente, há um vaivém incessante de pessoas que, sem deixar de se mexer, pedem, bebem, queimando-se, jogam o dinheiro no balcão e vão embora. Bateram com os pés o tempo todo e não deram a impressão de parar. Um jovem *signore* com uma pasta (de couro, porque aqui o couro é menos caro). É o combustível. Isso faz parte do vaivém. Dão uma andada e sem parar (em sua cabeça) bebem e desaparecem.

Praça de São Marcos: eu eliminaria o campanário se fosse doge. Muito pesado. O que faz ele nesta praça? De longe, em particular do jardim público do bairro Santa Elena, parece fazer parte do palácio dos Doges que é esmagado por ele. E de Murano é o mais robusto, o mais espesso de todos esses encantadores minaretes que se apagam na bruma. Quem viu os três pedestais de bronze de Leopardi (1505)? Eu gostaria que as pessoas que falam de um país fossem submetidas a uma pequena enquete: O que você viu na praça de são Marcos? Não descrever, enumerar. Eu me sairia muito mal, pois nunca *vi* esses pedestais até que pessoas subiram neles. O olho corrige. E o pilar de pórfiro ao sul da basílica? O olho suprime o inútil. Praça de são Marcos: é a grande sala do Povo, portanto ela nada tem diante dela. Todos os eriçamentos são suprimidos. Depois, erros.

Passeio: via Garibaldi, depois a ilha de San Pietro. Pequenos jardins, figueiras, roseiras, uma galinha sobre uma árvore; são pátios de pedra, dos quais se diria que os habitantes retiraram as pedras para pôr um pouco de terra no lugar. Pequenas grades cercam esses jardinzinhos de subúrbio frequentemente muito pálidos e empoeirados. Cadeira de criança abandonada, roupa que seca, caminho asfaltado entre essa poeira de argila onde algumas plantas secas se alimentam. Não têm o ar de se importar com os jardins, não mais do que com seus terraços em Roma, com suas plantas trepadeiras em Nápoles e no entanto esse jardinzinho abandonado está ali, é disso que gosto, dessa preocupação mascarada pelo abandono. Da ponta da ilha vejo a pequena elevação coberta de vegetação da praça de Armas; ando por pequenas ruas. Leio em pequenos cartazes muito antigos colados nas paredes, em letras pretas: "Você deve respeito, amor, obediência aos ministros de Deus", e, mais adiante: "O padre é um outro Cristo. Só ao padre o Cristo disse: Quem te escuta me escuta, quem te ofende me ofende".

Uma estranha pracinha de província dá para um cemitério de gôndolas e de barcaças. Olho-a de uma ponte de madeira que atravessa o canal de San Pietro. Na margem oeste, o Arsenal, grande muralha rosa, fortificação à maneira de Vauban, cuja muralha termina muito normalmente no canal como em um fosso cheio de água. O canal ao norte se abre para a laguna, vejo uma ponta de fortificação quebrada que leva a um pavilhão muito veneziano, tijolo rosa, janelas com molduras de pedra branca e logo acima, como a sair, um guindaste. A leste está a praça, que nada, absolutamente nada destina a terminar na água e diante dessa muralha militar. Tem três lados: do lado norte, primeiro uma cabana que avança sobre a água, depois duas casas de província francesa, com tetos que só têm de veneziano suas chaminés, cilindros poderosos que terminam em funil — de um rosa cinza que se enfeita com janelas verdes. Do lado sul, três casas de mesmo aspecto com portas com moldura de uma faixa embranquecida por cal que traz o número — seis na mesma casa; essas portas, eu as vi por toda parte em Laon, em Provins: dois batentes com vidraças e grades na parte superior. Abaixo, duas grandes maçanetas de cobre. Diante de mim, a leste, uma igreja da Contra-Reforma, simples e branca, jesuítica, uma longa casa rosa, bem semelhante às outras e que é um caixote. Um pouco adiante, muito longe da igreja, um campanário muito grande e inclinado como a torre de Pisa, de um branco pálido de Tintoreto. Em sua base uma foice e um martelo pintados com tinta preta ou com alcatrão. Da ponte partem três caminhos de pedra, e divergem, norte, oeste, sul. Entre os caminhos, duas plataformas em ângulo agudo que vão se alargando de leste para oeste, cobertas por uma vegetação pobre e seca. Aí foram plantados e cercados pequenos plátanos muito jovens que se avermelham e acácias verde-cinza. Estranho objeto bem veneziano: quando se afasta o olhar dessa província internacional, é para ver velhas barcaças em mau estado que afundaram na bacia, ou a fortificação tão século XVII francês do Arsenal ou esse guindaste inclinado sobre um pequeno palácio de doge. Na pracinha, meninas brincam e dois jovens marinheiros deitados na grama de bruços se abraçam freneticamente. Mas não: nada do que vocês pensam. Dois amigos. Os italianos têm necessidade de se tocar para se falar. A ponte treme e atrás de mim um grupo de jovens marinheiros, talvez grumetes, bem pouco militares, entram na caserna Giovanni Sanguinetti. As três meninas entram atrás deles.

Volto à via Garibaldi. No canal que se interrompe bruscamente há barcos parados. São os barcos que trazem legumes de Torcello; a *viale* Garibaldi está coberta de bancas cheias de frutas e peixes. Enquanto uns vendem, as mulheres preparam a comida no barco, ou lavam a louça. A água verde tem como que uma infecção intestinal, fede e esconde bolhas que, a vinte por segundo, vêm arrebentar na superfície como que saídas de um ventre apodrecido. Viale Garibaldi: um Garibaldi de bronze sai de um frasco de peixes vermelhos e de nenúfares, na direção da laguna e dos Jardins Públicos, entre duas fieiras de casas, escondido por árvores e barreiras de madeira verde com pilares de tijolo e pilastra de pedra branca. Veneza é tão *una*, que mesmo ali estamos nessa mesma sinfonia, tijolos, madeira, verde dos postigos, rosa das casas, branco das molduras das janelas. A casa veneziana é evocada por essa sebe. Em seguida se tem inteiramente o "fim de século", uma estufa quente de ferro recortado, pintado de azul e ligeiramente enferrujado. Finalmente a laguna. Uma bela praça do século XIX, a Concorde ou os Champs-Elysées, foi engolida por uma inundação. A água não é muito profunda: os lampadários aparecem acima dela, um grande número de lampadários que devem iluminar a água à noite. As casas também são visíveis a partir do primeiro andar. Ao longe há jardineiras flutuantes, botes cheios de plantas e flores. A água cinza só tem um aspecto de desastre.[20] Um pouco mais adiante, o jardim deixa de ser cuidado, resta um terreno vago abrigado por pinheiros. À esquerda corre entre jardins um canal que lembra Le Vésinet. De um lado da água, pinheiros se contorcem e se curvam, avançam patas aveludadas para tentar pegar jovenzinhas, choupos magros que se rosam e se jogam para trás. É o final. Dou meia-volta. Balizas saem da água. O nível da água baixou, vejo mexilhões às centenas incrustados na madeira negra e úmida. Mulheres enfiam contas na margem dos 7 Martiri. As contas são de madeira a seus pés como gemas de ovo cozidas e picadas miúdo. Atrás, sob arcadas, roupa que seca, um grande lençol que parece de seda pende da própria arcada, quente luz dourada de dentro das florestas. Mais adiante, diante dos Giardinetti, há bancos de mármore. Em cada um desses bancos desenharam a lápis as casas de um tabuleiro. Homens com roupas gastas sentados a cavalo frente a frente jogam, usando tampas de garrafas de Coca-Cola ou de água mineral. Outros homens agrupados em torno deles olham-nos em silêncio.

---

20. Nota do autor em diagonal na página esquerda: *Tijolos esponjosos em Veneza. Tijolos secos como pedras em Roma.*

Os palácios do Grande Canal. Podemos pensar nos nobres que os habitaram mas hoje também ver a grande rua de uma cidade de luxo: nesse caso há duas vidrarias, o consulado britânico, o consulado da Argentina, quatro museus, vários grandes hotéis (Bauer Grumwald, Grand Hôtel — dois palácios —, Gritti). Administração, um hospital, institutos. Até mesmo depósitos.

O Grande Canal pela manhã: uma jovem torce sua roupa e a põe para secar à beira de uma pequena rua escura que termina em três degraus na água do Grande Canal. Em um jardinzinho diante de uma casa, uma mulher e uma criança olham o *vaporetto* passar, lembram a família de um responsável por passagem de nível.

Algren em viagem pela França. O garçom lhe diz, no navio: "O senhor vai à França?". "Vou." "Coitados dos franceses. Não sabem se perderam a guerra ou se a ganharam." O mesmo se pode dizer da Itália, mas eu completarei: "Coitados dos italianos! Não sabem se perderam a guerra com a Alemanha ou se a ganharam com os Aliados". No mesmo jornal leio na terceira página sob o título "Crimes de guerra dos Aliados" um artigo em que se fala das marroquinadas[21] como se se tratasse de um crime de inimigos, de que a Itália adversária leal e vencida foi vítima e, na primeira página, que tal senador americano reconheceu que a ajuda italiana foi preciosa durante a guerra. E tudo isso é verdade sem dúvida, mas não contribui para esclarecer os espíritos.

Ela baixa cinquenta centímetros nas marés. Anêmonas do mar marrons e cinza, mexilhões e sobre os mexilhões as anêmo-

---

21. No original *"maroquinades"* (o termo existe também em italiano, *"marocchinate"*, ou seja, "mulheres marroquinadas"). Por "maroquinade" ficou conhecido o episódio em que os soldados marroquinos do exército francês violaram milhares de mulheres italianas quando entraram na Itália em 1944. (N. do T.)

nas ainda crescem, pulgas-do-mar corriam ao longo dos muros. A água se torna imunda e isso se sente em Veneza. Passeamos sobre a imundície, sobre a carapaça mole de um animal pustulento.

Toda dia se limpa a água. Veículo de limpeza. A gôndola da limpeza, um homem de uniforme, depósitos de lixo no veículo. Uma pequena rede. Ele pesca os horrores do canal e os põe no depósito de lixo.

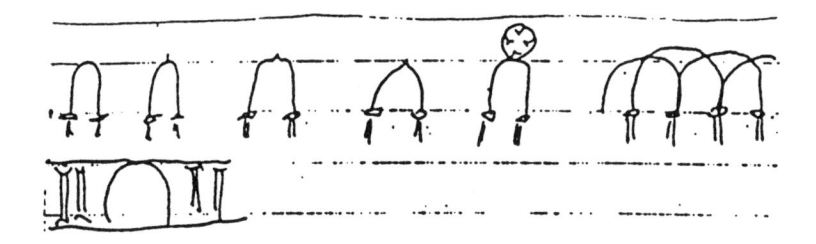

O gótico é uma diversão, não uma necessidade. Casas leves de tijolos e as maiores se contentavam com o bizantino (São Marcos e o Fondaco dei Turchi). Donde esses arabescos. Mas o que querem é o círculo. Prezam-no tanto que seu gótico é menos uma ogiva que um recorte no círculo. Em seguida mostram-no fazendo-o sair do semicírculo. E no Renascimento libertam a janela pondo as colunas do lado de fora. Donde os grandes círculos encontrados. Dos bizantinos (Fondamenta dei Turchi) ao renascentista, o círculo apenas aumentou. Donde essa comparação: São Marcos (século XIII) e as arcadas da praça de São Marcos (séculos XVI e XVII) estão em perfeita concordância. O *círculo* domina como o tímpano em Roma. Cidade em curvas.

A delicadeza de Veneza: é que havia fortificações: a água. Portanto delicada no interior, carne excelente da lagosta. Mas as ruas perfuram e sulcam Roma, portanto cada palácio se enquista, assegura sua defesa própria. A largura do Canal permite fachadas que se mostram. E também permite que a cidade seja *toda aberta*. Se você passou pelas barragens você só encontra aberturas. Ela se dá. Portanto má imagem hoje: só resta a carne dessa aranha-do--mar. Delicadeza falsamente interpretada. Diferença entre segregação americana (os negros estão na casa deles) e nossa delicadeza para os negros (o mar nos separa deles, podemos respeitar os que vêm).

As deformações do círculo em ogiva, esses ligeiros tremores, esses quadrilobulados, é como um reflexo deformado na água. Portanto aparentemente. Na água as coisas *não são simples* e nessa pedra também não. A pedra imita as hesitações, os desvios da água. Tem sua redundância, suas repetições. As repetições de ser pedra (arcadas) são como as repetições do reflexo sobre a onda. Os *círculos* e as ogivas suaves são as das ondas. Não é água petrificada, é a inteligente imitação do motivo da água pela pedra.

Notas breves

Seguem algumas notas tomadas em 1951 de modo desordenado, em uma ficha de anotações telefônicas de um hotel romano onde Sartre esteve nesse ano e em algumas folhas soltas provenientes de uma pequena agenda italiana desfeita. Ele as pôs em seguida no caderno do esboço. Seu aspecto desordenado prova que ele as escreveu em condições inusuais, talvez na rua, talvez em parte no Café Greco, que ele descreve aqui.

Café Greco: nada de terraço. Longo corredor. Primeira sala à direita: bar e máquina de café. À esquerda caixa e balcão de doces. Dois espelhos, quatro quadros: Coliseu, templo de Vesta, Arco do Triunfo, Fórum — Vincenzo Giovannini. Cor ruiva muito romana. Duas janelas (uma porta-janela), dois quadros enquadrados com cetim brocado vermelho. Um em cada parede. Paredes laterais: de cada lado dois quadros ladeando um espelho: duas cabeças de mulher e dois senhores de pé, da época de A. Dumas filho. Um tem uma cartola na mão. Em frente duas outras cabeças, um senhor, o mesmo, que pôs a cartola na cabeça, e sua esposa. Lateralmente, quatro pequenos tripés sustentam um disco de mármore e uma banqueta vermelha. Frente a frente, duas longas mesas: cada uma dois tripés e extensões para aumentá-las. Piso frio. Telefone no alto num nicho. Segunda sala paralela à entrada. Nada além das pequenas mesas com tripés. Dali saem duas salas perpendiculares à entrada. Última sala paralela. Uma das duas salas, à esquerda, tem uma grande vidraça. Retratos de Wagner e de Liszt. Quadros. Passa-se de uma sala a outra sem porta, por abóbadas. Os dois espelhos estão manchados, avermelhados, vagamente escuros, com moldura dourada.

Telefone público. Um italiano se irrita e faz gestos. [*A continuação está na agenda*] Sempre relaxado. A mão se agita mas mole, levemente, os dedos que abençoam não estão juntos. De repente o polegar e o indicador se unem pela ponta e formam um pequeno anel que sobe e desce para figurar a precisão.

O antebraço agora se mexe sozinho e a mão meio fechada pende na extremidade. Ele se torna um semicírculo, o cotovelo junto ao corpo.

O olho é profundo, fascinador, o rosto imita com frequência a expressão que o interlocutor deve ter. Encenação hipócrita. As pálpebras batem como asas sobre os olhos fixos.

As palavras são ditas com uma expressão que durante a frase é mantida fixa, intensa e que desaparece com a frase.

Nápoles: os números, a loteria e o jogo na alta sociedade.
　　Bandidos cavalheiros.

O velho hábito dos bandos do Renascimento e os partidos italianos. Não acredito nisso. Primeiro porque se ignora que nossos partidos são sólidos. Depois é um fenômeno moderno: vota-se nos partidos, não nos políticos. E as explicações não são históricas. Limite da explicação histórica: ela determina a situação. Mas o turista quer ver aí uma sobrevivência do passado no indivíduo. Isso tem algo de poético para ele. O homem do Renascimento será encontrado no italiano de paletó.

De fato o italiano moderno é um homem que tem de resolver certos problemas por meio de instrumentos existentes e que se encontra em uma certa paisagem significante que age sobre sua sensibilidade.

A Itália está do lado de fora. Acessível a todos. O passado está nas pedras.

Veneza, diz a senhora R., pequena província. Nada de indústria. O turismo. E nobres arruinados que se entediam porque não podem trabalhar sem faltar à dignidade. Atmosfera de maledicência. Eis o contrário, mas ainda turismo. Até 1920: interpreta-se o nobre pelo doge e sua grandeza passada. Depois se interpreta a grandeza visível de Veneza pela pequena província. De fato a Itália não tem províncias de verdade. É preciso centralização e predominância da capital, em suma, unidade para que haja província. Mas província de quê? Milão, Florença, Roma?

É outra coisa. Que deve se explicar por si só. Meio província, meio principado.

Particularismo piemontês: a indústria, o futuro, o comunismo. Particularismo romano: a história, a religião. Particularismo napolitano: miséria, ressentimento, monarquismo.

Uma família nobre: três irmãs; uma freira, a outra comunista e assim titista, a terceira prêmio de beleza.

A cabeça de Medusa (Museu dos Conservadores[1]), Bernini (atribuída a). As serpentes encantaram Bernini. Contorcem-se tanto quanto podem. Ainda pedra martirizada. Mas o rosto chorão

---

1. Em Roma.

exprime apenas um sofrimento passivo. Seria preciso uma máscara aterradora. Petrificar é um poder que se exprime por um olhar. O barroco deixa o ato escapar. Passividade. Mas é o que é preciso. O ato faz a religião desaparecer. O gesto é tudo o que pode permitir-se uma criatura agida por Deus.

A camponesa e o paraíso. Atormentado por isso, subo.[2] Compreendo: é a ascensão entre esses personagens superiores. Vítima do barroco. Assim deviam ser os romanos do século XVIII quando a escultura preservava um sentido. No entanto o monumento a V[ítor] E[manuel] não é barroco: é uma comportada incongruidade burguesa. Não pesa, não incomoda, não tem a feiura da porta de Salvatore Rosa. Não existe. Só sua brancura ofusca. O que chama a atenção é menos a feiúra (inaugurado em 1911) que o desconhecimento da cidade. Koch, pelo menos, tinha compreendido as cores de Roma. Mas esse branco! E o ouro envelhece mal: a camada de sujeira da estátua equestre. Não compreendo bem: os intelectuais italianos que conheço gostam de sua cidade e a compreendem. Donde vêm esse vinte anos de eclipse?

Saio do hotel, sinto-me envolvido por um olhar de veludo, concupiscente, acariciador; sinto-me mulher e desejável. Muito espantado, olho: são simplesmente chofores de táxi que desejam o cliente que sou.

Um homem, certamente não é bicha, cheira uma rosa.

---

2. Pelo que segue, o turista sobe a grande escada do monumento de Vítor Emanuel II. Ignoramos a que "a camponesa e o paraíso" faz alusão. A um episódio lido? A uma reflexão que o Turista acaba de ouvir? Aparentemente uma camponesa, subindo os degraus do monumento, se julga no Paraíso.

Piadas sobre Mussolini. Artigos. Obras apresentadas. Não o detestam. Um comunista me diz: "Eu detestava a ideologia fascista mas gostava mais do governo fascista do que do governo atual, que age por debaixo". De resto é preciso reconhecer imparcialmente: tudo o que foi feito na Itália foi feito pelo fascismo.

Uma observação: os italianos podem ter sido fascistas com boa consciência. Um menino nascido no momento da marcha sobre Roma tem hoje 27 anos. Sua educação foi fascista, portanto ele só abriu os olhos em 43. Onde está seu erro? Distinção corrente lida em um jornal de esquerda: "O fascismo construtivo dos primeiros anos, não o fascismo sinistro e destruidor dos últimos". No fundo censuram M[ussolini] por ter feito a guerra. E por tê-la perdido.

[De novo na ficha, escrito na diagonal do papel:] Os personagens do Domenica del Corriere derivam em linha direta de Bernini. São barrocos.

Sensibilidade barroca: uma mãe morre quando a filha diz sim no altar. Um filho, ao tomar conhecimento da doença do pai, se mata. O pai, ao tomar conhecimento do suicídio, morre da ruptura de um aneurisma.

Veneza, de minha janela[1]

A água é muito comportada; não a ouvimos. Tomado de desconfiança, debruço-me: o céu caiu dentro dela. Ela mal ousa se mexer e seus milhões de dobras balançam confusamente a insossa Relíquia que fulgura intermitentemente. Adiante, para o leste, o canal se interrompe, é o começo da grande poça leitosa que se estende até Chioggia; mas desse lado é a água que está de saída: meu olhar derrapa em uma vidraça, desliza e vai perder-se, com a vista do Lido, em uma monótona incandescência. Faz frio, um dia perdido anuncia seus gessos; mais uma vez Veneza se toma por Amsterdã; esses descorados cinza ao longe são palácios. É assim aqui: o ar, a água, o fogo e a pedra não param de se misturar ou de se permutar, de trocar suas naturezas ou seus lugares naturais, de brincar de quatro-cantos ou de pique; brincadeiras antigas e a que falta inocência; assiste-se ao treinamento de um ilusionista. Para os turistas sem experiência, esse composto instável reserva muitas surpresas: enquanto você põe o nariz para

1. Publicado em fevereiro de 1953 em *Verve* (n. 27-28) e incluído em *Situations*, IV, esse texto talvez seja o último do período *Albemarle*. Reconhecem-se na passagem temas esboçados nos fragmentos de 1951, por exemplo *a outra Veneza*; por outro lado os fragmentos desenvolvem outros temas, como *a loucura da água*, apenas evocados aqui. Sobre o estatuto provável de *Veneza, de minha janela*, cf. a Apresentação.

fora a fim de ver o tempo que faz, todo o sistema celeste com seus meteoros e suas nuvens se resume talvez a seus pés em uma serpentina prateada. Hoje, por exemplo, nada prova que uma Assunção matinal não se tenha apropriado da laguna para a pôr no lugar do céu. Levanto a cabeça: não; só há um buraco, lá em cima, vertiginoso, sem trevas nem luzes, rasgado apenas pelos feixes incolores dos raios cósmicos. Na superfície desse abismo invertido, uma espuma forma inutilmente flocos para dissimular a indubitável vacância do Sol. Assim que pode, esse astro se esconde: ele não ignora que é indesejável e que Veneza se obstina a ver nele a imagem execrada do poder pessoal. Ela consome, na realidade, mais luz do que Palermo ou Túnis, sobretudo se se leva em conta o que é absorvido por suas altas ruelas escuras; mas ela não quer que se diga que ela deve a luz que a ilumina às liberalidades de um único. Consultemos a lenda: nos primórdios, a laguna estava mergulhada em uma noite radiosa e permanente; os patrícios se compraziam em olhar as constelações cujo equilíbrio, baseado em um desafio mútuo, lhes lembrava os benefícios do regime aristocrático. Tudo ia muito bem: os doges, estreitamente vigiados, resignavam-se a não ser mais que os testas de ferro do capitalismo comercial. Um deles, Faliero, corno e ridicularizado publicamente, tivera um ímpeto de revolta mas foi preso imediatamente; seus juízes persuadiram-no sem dificuldade de seu crime: havia incorrido na pena capital por ter tentado entravar o andamento do Processo histórico, mas, se se reconhecesse culpado, a posteridade faria justiça a sua desditosa bravura. Foi morto então pedindo perdão ao povo e louvando a justiça que ia ser feita. Desde então, ninguém havia perturbado a ordem pública; Veneza estava calma sob suas plêiades.

Ora, o Grande Conselho decidiu, para ornar a sala das sessões, mandar pintar os retratos dos doges falecidos no friso ao longo do alto das paredes, e quando se chegou ao de Faliero, esses comerciantes vingativos mandaram cobrir sua imagem com um véu que trazia essas palavras injuriosas: *Hic est locus Marini Falieri decapitati pro criminibus*. Desta vez o infeliz cordeiro se irritou de fato: era isso o que lhe haviam prometido? Não somente a posteridade não o reabilitava mas por sua vez consagrava sua memória às execrações futuras. Bruscamente sua cabeça cortada se ergueu no horizonte e se pôs a girar sobre a cidade; o céu e a laguna se tingiram de púrpura e os orgulhosos patrícios, na praça de São Marcos, tamparam os olhos com os dedos horrorizados gritando: *Ecco Marino*. Desde então ele volta a cada doze horas, a cidade é assombrada, e, como um antigo costume quer que o Doge eleito apareça no balcão para lançar à multidão joias e florins, o Potentado assassinado espalha ironicamente pelas praças ondas de ouro manchado com seu sangue.

Hoje está demonstrado que essa fábula não tem nenhum fundamento: sob o vestíbulo da capela da Madona da Paz, em San Giovanni e San Paolo, descobriu-se, num sarcófago, um esqueleto humano com a cabeça nos joelhos; assim, tudo entrou nos eixos, a não ser pelo fato de os venezianos, obstinados em seu ressentimento, terem convertido de imediato o sarcófago em pia. De qualquer modo, por essa história, que se pode pedir para ser contada pelos gondoleiros, poder-se-á avaliar a disposição das pessoas e sua animosidade contra o astro do dia. Certamente a cidade se compraz em reencontrar no céu de ouro o que ela ganhou no mar, mas com a condição de que ele fique pregado acima dela como a cifra esparsa de sua grandeza, ou que o verão o borde como raio emblemático nas pesadas tapeçarias verdes que ele deixa cair até o Canal. Assim, em Roma, grande lugarejo terrestre, estou sempre feliz por assistir ao nascimento de um rei camponês; mas depois que circulei por muito tempo no fundo dos canais venezianos e vi fumaças de cobre se elevarem do rio ou clarões voláteis fugirem por cima de minha cabeça, só posso admirar esse sistema de iluminação indireta, e não é sem incômodo que tomo pé de novo no cais dos Schiavoni para ver errar, sobre os reflexos sutis da cidade, a grande cabeça rude de Marino Faliero.

Assim, nada de sol esta manhã; ele representa Luís XVI em Paris ou Carlos I em Londres. Essa bola quebrou o equilíbrio ao desaparecer; restam claridades, sem alto nem baixo, a paisagem gira e giro com ela, ora pendurado pelos pés acima de uma ausência e sob os afrescos do Canal, ora de pé sobre um promontório acima de um céu em perigo. Giramos, teto, soalho e eu, o Ixion dessa roda, na mais rigorosa imobilidade; isso acaba por me provocar enjoo, esse vazio é insuportável. Só que: em Veneza, nada é simples. Porque não se trata de uma cidade, não: é um arquipélago. Como se poderia esquecer isso? De sua ilhota, você olha a ilhota fronteira com inveja: ali, há... o quê? uma solidão, uma pureza, um silêncio que não há, você juraria, do lado de cá. A verdadeira Veneza, onde quer que você esteja, você a encontra sempre em outro lugar. Para mim, pelo menos, é assim. Habitualmente, contento-me com o que tenho; mas em Veneza, sou presa de uma espécie de loucura invejosa; se não me contivesse, eu estaria o tempo todo sobre as pontes ou nas gôndolas, buscando perdidamente a Veneza secreta do outro lado. Naturalmente, logo que chego ao outro lado, tudo se apaga; volto: o mistério tranquilo se refez do outro lado. Há tempos resignei-me: Veneza está onde não estou. Esses chalés suntuosos, diante de mim, *saem* da água, não é? Impossível acreditar que flutuem: uma casa não é coisa que flutue. Nem que pesem sobre a laguna: ela afundaria sob seu peso. Nem que sejam imponderáveis: vê-se que são de tijolos, de pedra e de madeira. Então? É preciso *senti-los* a emergir; os palácios do Grande Canal são olhados de baixo para cima, e isso basta para que se descubra neles uma espécie de impulso cristalizado que é, por assim dizer, sua densidade invertida, a inversão de sua massa. Um jato de água petrificado: é como se acabassem de aparecer e que nada houvesse antes dessas pequenas ereções obstinadas. Em suma, são sempre um pouco *aparições*. Pressente-se o que seria uma aparição: ela ocorreria no instante mesmo, ela faria com que se sentisse melhor seu paradoxo: o puro nada subsistiria ainda e no entanto o ser já estaria ali. Quando olho o palácio Dario, inclinado de lado, que parece brotar atravessado, sempre tenho a sensação de que ele está ali, sim, bem ali, mas que ao mesmo tempo não há nada. Tanto mais que às vezes ocorre de a cidade inteira desaparecer. Uma noite quando voltava de Murano, meu barco ficou sozinho a perder de vista: nada de Veneza; no local do sinistro, a água se pulverizava sob o ouro do céu. No momento, tudo é nítido e preciso. Essas belas garças de silêncio estão todas ali, mas não *preenchem*, como faz um bom animal de paisagem montanhesa, que rola inteiramente abandonado sob a janela de vocês. Será espera ou desafio? Essas graciosas têm reserva provocante. E então o que há diante de mim? A *Outra* calçada de uma avenida "residencial", a *Outra* margem de um rio? De qualquer modo, *é a Outra*. No final das contas, a esquerda e a direita do Canal não são tão diferentes. É verdade que o Fonaco dei Turchi é de um lado, o Ca' d'Oro de outro. Mas no geral são sempre as mesmas caixas, o mesmo trabalho de marchetaria, interrompidos aqui e ali pelo mugido de grandes prefeituras de mármore branco, corroídos por lágrimas de sujeira. Algumas vezes, quando minha gôndola deslizava entre essas duas feiras, indaguei-me qual delas era o reflexo da outra. Em suma, não são suas diferenças que as separam: ao contrário. Imagine que você se aproxime de um espelho: uma imagem se forma nele, eis seu nariz, seus olhos, sua boca, sua roupa.

É você, *deveria* ser você. E no entanto, há alguma coisa no reflexo — alguma coisa que não é nem o verde dos olhos, nem o desenho dos lábios, nem o corte da roupa — alguma coisa que faz com que você diga bruscamente: puseram *um outro* no espelho no lugar de meu reflexo. Eis mais ou menos a impressão que dão, a qualquer hora, as "Veneza da frente". Nada me impediria de considerar, hoje, que é a nossa feira que é a verdadeira e que a outra não passa de sua imagem, muito ligeiramente deslocada para leste pelo vento do Adriático. Há pouco, ao abrir a janela, fiz com que se abrisse uma janela semelhante no terceiro andar do Palazzo Loredan que é o duplo deste. Em boa lógica, eu deveria aparecer ali para mim: mas é uma mulher que, em meu lugar, põe a cabeça para fora e se debruça em direção à água, desenrola um tapete como um pergaminho e se põe, pensativamente, a batê-lo. Aliás, esse bater matinal, única agitação visível, se apazigua de imediato, as trevas do quarto o engolem e a janela se fecha em cima. Desertas, as miniaturas são levadas em um deslizamento imóvel. Mas não é isso que incomoda: derivamos juntos. Há outra coisa, uma estranheza de princípio, muito leve, que desaparece se quero senti-la e que renasce logo que penso em outra coisa. Em Paris, quando a olho de minha janela, parece-me frequentemente incompreensível a atitude dos pequenos personagens reluzentes que gesticulam no terraço do *Deux Magots*, e eu nunca soube por quê, um domingo, pularam de suas cadeiras para um Cadillac estacionado ao longo do passeio, nem por que o atacaram rindo. Não importa: o que fazem, faço com eles, sacudi o Cadillac de meu observatório; é que eles são minha multidão natural; só preciso de um minuto — contando com folga — para me juntar a eles, e quando me debruço para os olhar, já estou no meio deles, olhando minha janela, a cabeça atravessada por suas loucuras. Nem é exato dizer que eu os *olho*. Pois no fundo, nunca os vi. Eu os *toco*. A razão: há entre nós um caminho terrestre, a crosta tranquilizadora desse astro; os *Outros* estão além dos mares.

A outra Veneza está além do mar. Duas senhoras de preto descem os degraus de Santa Maria della Salute, com passos curtos e rápidos cruzam o adro, escoltadas por suas sombras pálidas, seguem pela ponte que dá acesso a San Gregorio. Essas senhoras são suspeitas e maravilhosas. Mulheres, sim. Mas tão longínquas quanto esses árabes que eu via da Espanha se prosternar sobre a terra africana. *Insólitos*: são os habitantes dessas casas intocáveis, as Santas Mulheres do Outro Lado do Mar. E eis um outro intocável, esse homem que se pôs diante da igreja de onde elas saem e que a observa, como sem dúvida se tem o costume de fazer nessa ilha desconhecida. Horror! é meu semelhante, meu irmão, tem um Guide Bleu[2] na mão esquerda e uma Rolley-Flex[3] a tiracolo. O que há de mais desprovido de mistério do que um turista? Pois bem, este, cristalizado em sua imobilidade suspeita, é tão inquietante quanto esses selvagens dos filmes de terror que afastam os juncos dos pântanos, seguem a heroína com um olhar brilhante e desaparecem. É um turista da Outra Veneza, e nunca verei o que ele vê. Diante de mim, essas paredes de tijolo e mármore conservam a estranheza fugidia dos lugarejos solitários, no alto de elevações, que vemos de um trem.

Tudo isso é por causa do Canal. Se se tratasse de um simples braço de mar, admitindo francamente que tem como função separar os homens, ou então um rio irascível e domado que leva barcos a contragosto, não haveria história, diríamos simplesmente que

2. Trata-se de um guia de viagem. (N. do T.)
3. Assim no original. (N. do E.)

há ali uma certa cidade, diferente da nossa e, por isso mesmo, bastante semelhante. Uma cidade como todas as cidades. Mas esse Canal pretende *reunir*; ele se apresenta como uma estrada de água, feita expressamente para o passeio a pé. Os degraus de pedra que descem até a rua como as escadas brancas das residências rosa em Baltimore, as grandes entradas cujas grades devem abrir-se para deixar passar as carruagens, os pequenos muros de tijolo que protegem um jardim da curiosidade dos passantes e as longas tranças de madressilva que correm ao longo dos muros e se arrastam até o chão, tudo me sugere atravessar a rua correndo para ir assegurar-me de que o turista, adiante, é exatamente de minha espécie e de que ele não vê nada que eu não possa ver. Mas a tentação desaparece antes mesmo de se ter inteiramente formado; ela só tem o efeito de avivar minha imaginação: sinto já que o chão se entreabre, o Canal não passa de um velho ramo apodrecido sob seu musgo, sob as cascas negras e secas de que ele se cobriu, e que estala se pomos o pé em cima; afundo, submerjo levantando os braços e minha última visão será o rosto indecifrável do Desconhecido do Outro lado, agora voltado para mim, avaliando com angústia sua impotência ou comprazendo-se por me ver cair na armadilha. Em suma, esse falso hífen só finge aproximar para melhor separar; ele me engana sem pena e me faz crer que a comunicação com meus semelhantes é impossível; a proximidade mesma desse turista é um *trompe-l'oeil* como esses animais listados que os Noivos da torre Eiffel[4] tomavam por abelhas e que eram tigres do deserto. A água de Veneza dá a toda a cidade uma cor muito leve de pesadelo: pois é nos pesadelos que os instrumentos nos traem, que o revólver apontado para o louco assassino não funciona, é nos pesadelos que fugimos perseguidos

---

4. Peça de Jean Cocteau, *Les mariés de la tour Eiffel*. (N. do T.)

de perto por um inimigo mortal e que de repente a rua fica mole quando queremos atravessá-la.

O turista vai embora misterioso; sobe pela pequena ponte, desaparece, estou só acima do Canal imóvel. Hoje, a outra margem parece mais inacessível ainda. O céu rasgou a água, ela está em farrapos, quem acreditaria que o Canal tem um fundo? Através das grandes lacunas cinza que o crivam, vejo brilhar o céu, abaixo da água. Entre os dois cais não há *nada*: uma echarpe transparente apressadamente jogada sobre o vazio. Essas pequenas casas estão separadas das nossas por uma rachadura que atravessa toda a terra. Duas metades da Europa estão se separando; elas se afastam uma da outra, devagar de início, depois cada vez mais rapidamente, como em *Hector Servadac* é hora de abanar os lenços. Mas o outro cais está deserto, todas as janelas estão fechadas. Há já *duas* espécies humanas, já seus destinos se separam para sempre e ninguém sabe disso ainda; em uma hora, uma empregada se porá em algum balcão para sacudir os tapetes e verá, aterrorizada, o vazio abaixo dela e uma grande bola amarela e cinza a girar, a 10 mil léguas. Veneza está sempre se deslocando; quer eu esteja na Riva degli Schiavoni olhando San Giorgio, nas Nuova Fondamenta olhando Burano, é sempre um Finisterra que está diante de mim, emergindo de uma esterilidade desordenada, de uma vã agitação interestelar. Nesta manhã, as arquiteturas preciosas à minha frente, que eu nunca tinha tomado de fato a sério, parecem-me de uma assustadora austeridade: são muralhas lisas de um mundo humano que se afasta. Pequeno mundo tão limitado, fechado em si mesmo, que se ergue, definitivo como um pensamento no meio de um deserto. *Não estou dentro*. A ilha flutuante é a terra inteira, redonda e sobrecarregada de homens, ela se afasta e fico no cais. Em Veneza e em alguns outros lugares tem-se tempo para ver de fora o destino dos homens, com olhos de anjo ou de macaco. Perdemos a Arca de Noé. Oh, com certeza, este verão, ao largo do cabo Norte, a impressão era mais forte, era uma evidência, ou quase. Dançávamos um pouco; ao sul as últimas garras da Europa arranhavam o mar, ao norte, eram milhões de ondas cinza, a solidão do astro apagado. Eu acabara por me julgar no espaço interestelar, satélite rodopiante de uma terra inacessível. Em Veneza isso não é tão angustiante, e no entanto a Humanidade se afasta, deslizando sobre um lago tranquilo. A espécie humana — ou, quem sabe, o Processo histórico — se retrai, pequeno pulular limitado no espaço e no tempo. Vejo-a inteira, de algum lugar situado fora do tempo e do espaço, e sinto muito suavemente, muito perfidamente meu abandono.

O presente é o que toco, é o utensílio que posso manejar, é o que age sobre mim ou o que posso mudar. Essas graciosas quimeras não são meu presente. Entre elas e mim, não há simultaneidade. Basta um pouco de sol para as transformar em promessas, talvez venham a mim do fundo do futuro; em certas manhãs de primavera eu as vi avançar para mim, jardim flutuante, *outras* ainda mas como um presságio, como aquele que serei amanhã. Mas a claridade sem graça dessa manhã matou suas cores, murou-as em sua finitude. São simples, inertes, a deriva as afasta de mim. Certamente, não pertencem à minha experiência, surgem muito longe no fundo de uma memória que está a esquecê-las, uma estranha memória anônima, a memória do céu e da água. Em Veneza, basta um nada para que a luz se torne olhar. Essa imperceptível distância insular, essa defasagem constante, basta que uma luz as envolva para que essa luz pareça um pensamento; ela aviva ou anula os sentidos esparsos sobre os buquês flutuantes de casas; esta manhã, leio Veneza nos olhos de um outro, um olhar vítreo fixou-se sobre o falso pequeno bosque, ele faz murcharem as rosas de açúcar-cande, os lírios de miolo de pão molhado no leite, tudo está protegido, assisto ao despertar de uma lembrança desagradável. No fundo de um olhar antigo meu olhar tenta salvar palácios naufragados mas só traz generalidades. Será que percebo ou será que me lembro? Vejo o que sei. Ou antes o que um outro já sabe. Uma *outra* memória persegue a minha, as lembranças de um Outro surgem diante de mim, revoada imobilizada de periquitos mortos; tudo tem um ar cansado de já passado, de já visto; o jardim da abadia San Gregorio não passa de um relvado, as rosáceas simplificadas são esboços; as fachadas, no fundo de um lago glacial, tristes e rigorosos *lavis*, oferecem-se com uma nitidez perfeita, quase perfeita demais, cristalina, mas não posso fixar nenhum detalhe. Pequenas casas, pequenos palácios, belas *folies*,[5] caprichos de banqueiros, de armadores, Capriccio Loredano, Folie Barbaro, vocês estão todos quase digeridos, dissolvidos até a metade nas generalidades. A Ideia gótica aplica-se à Ideia mourisca, a Ideia de mármore junta-se à Ideia de rosa; os estores grená e os postigos de madeira deteriorados não são mais do que pinceladas de um aquarelista, um pouco de verde, uma mancha de topázio queimada. O que sobrará nessa memória que pouco a pouco esquece? Uma longa muralha rosa e branca e depois nada mais. Os palácios, em vias de serem esquecidos, estão fora de meu alcance, não mais do outro lado da água, mas em um passado bastante próximo, ontem talvez, ou agora mesmo, eles se afastam sem mexer, já perderam essa brutalidade ingênua da presença, essa tola e peremptória suficiência da coisa que está ali e que *não se pode negar*; tudo aquilo de que podemos gostar quando se gosta, os acasos, as cicatrizes, as suavidades veneno-

---

5. Em francês, *folie*, numa acepção antiga, designava "casas de diversão" ricas, muito ornamentadas, extravagantes, de alto custo. (N. do T.)

sas de musgo, de água, de velhice, tudo é estreitado, rasurado por essa luz superficial e apressada, não há mais espaço neles, mas alguma extensão sem partes, são saberes, a matéria é desgastada até a transparência, e a grosseria alegre do ser atenua-se até a ausência. Não estão mais ali. Não inteiramente ali. Vejo os planos e os esboços de seus arquitetos. O olhar apagado e falso da morte gelou essas graciosas sereias, imobilizou-as em uma torção suprema; aonde quer que eu vá hoje, estou certo de chegar cinco minutos muito tarde aos lugares e de aí só encontrar a memória impessoal do desastre, o céu e a água ainda unidos que se lembram por um instante ainda de uma cidade submersa, antes de se desfazer e de se dispersar em puro feixe de espaço. Como vou me sentir supérfluo, eu, único presente no meio da universal obsolescência com um grande risco de explodir como esses peixes dos abismos que puxamos para a superfície, pois estamos habituados a viver sob uma pressão infinita e essas rarefações não nos valem de nada. Há dias assim, aqui: Veneza se contenta em lembrar-se dela mesma, e o turista vagueia, desamparado, no meio desse gabinete fantástico cuja água é a principal miragem.

Uma esperança: nascido em algum lugar de uma ausência, simples refração do vazio, um falso raio de sol acende a Fortuna de cobre sobre o globo terrestre da Alfândega, faz espumar as brancuras de sabão de Santa Maria, repinta, através das grades da abadia, folhagens ingênuas e minuciosamente luxuriantes, muda a ideia de verde em postigos de madeira e a ideia de topázio em velhos estores desgastados pelo céu e pelo sal; passa um dedo lânguido pelas fachadas ressecadas e faz eclodir todo o maciço de rosas. Todo esse pequeno mundo em suspenso desperta. No mesmo instante, um pesado casco negro aparece a oeste, é uma chata; agitada, a água se reanima sob seu fardo de céu, sacode suas plumas brancas e emborca; o céu, sacudido, racha, e, pulverizado, pontua as ondas de larvas brilhantes. A chata vira e desaparece na sombra de um *rio*, era um falso alerta, a água se acalma a contragosto, reúne sua desordem em pesadas massas trêmulas, já grandes poças de azul se refazem... De repente, largada de pombos: é o céu, louco de medo, que revoa; o pontão estala sob minha janela e tenta subir no muro: o *vaporetto* passa, anunciado pelos mugidos de uma concha marinha. Esse longo charuto bege é uma lembrança de Jules Verne e da exposição de 1875. A ponte está deserta, mas seus grandes bancos de madeira ainda são frequentados pelos senhores barbudos do *Cronstadt* que o inauguraram. Sobre um pequeno teto de zinco pintado de bege que cobre a ponte de trás, coroas fúnebres se empilham três a três; talvez joguem-nas na água, monumentos flutuantes, para comemorar afogamentos. Na proa, uma vitória com casaco de peles se entrega às correntes de ar, ela atou, sobre os cabelos louros, um xale de musselina que bate e lhe esbofeteia a nuca, sonhadora passageira de 1900. Ninguém à vista, a não ser essa morta que conheceu Wagner e Verdi. Um navio-fantasma em tamanho reduzido transporta, entre duas festas antigas, uma condessa italiana que morreu na catástrofe do *Titanic*. Isso não espanta: todas as manhãs, o Grande Canal cobre-se de anacronismos. É um museu flutuante: diante das galerias dos grandes hotéis Gritti, Luna, Bauer-Grumwald, a direção promove desfiles de peças de coleção. A água ri de contentamento, brinca: salve-se quem puder sob a roda da proa, galinhas se empurram, voejam cacarejando, seu pânico vem desabar a meus pés; em torno dos grandes postes bárbaros e dourados cujo multicolorido parece o dos postes de barbearia na América, gôndolas e barcos caracolam. O *vaporetto* já está longe mas assisto a toda uma cavalgada náutica, espuma, náiades torsas, cavalos marinhos. No cais, o raio se apagou, mergulhando de novo os prédios em sua generalidade. Orgulhoso, o silêncio se ergue em tijolos rosa acima desse falatório impotente. Uma trompa distante toca e se extingue. Eis um quadro para os turistas: a Eternidade cercada pelo Devir, ou o Mundo inteligível planando acima da matéria. Ainda há uma certa gritaria sob minhas janelas, mas não importa: o silêncio cortou os ruídos com sua foice gelada. Em Veneza, o silêncio se vê, é o desafio taciturno da Outra Margem. Bruscamente, todo o cortejo marinho afunda, a água é como os sonhos, ela não tem sequência nas ideias: então ela se aplaina e me debruço acima de um grande tufo de torpor: é como se ela invejasse a rigidez cadavérica dos palácios que a margeiam. O céu desafiador não desceu de novo da abóbada; essa falsa morta se enverdece entre os cais, vejo já nascer, à direita, o pálido reflexo do palácio Dario. Volto a erguer os olhos: tudo se tornou novamente parecido. Preciso de pesadas presenças maciças, sinto-me vazio diante dessas finas plumagens pintadas sobre vidro. Saio.

Um plano para a estada em Veneza

1) Chegada a Veneza. Província ou cidade aristocrática. A população veneziana. O palácio Labia. Os ianques. O Palácio à noite. As pequenas aventuras venezianas.

2) Visita ao Palácio. O Paraíso. As ruas de Veneza. A água-reflexo. Narcisismo.

3) A água como pensamento. Quero-não quero.

4) A ida a Torcello. O outro aspecto — a água que remete ao tempo bárbaro. Os tempos superpostos: séculos XIX — XVIII — XV e a laguna.

5) San Rocco — Tintoreto.

6) O gondoleiro na água.

7) A tristeza de Veneza (um *dancing*).

Lista de temas sobre Veneza

1) Sem agressividade.
2) Fachadas lisas.
3) O olho se perde.
4) A velocidade do bólido.

5) Sem reflexividade.
6) Narcisismo.
7) Pensamento da água.
8) A profundidade.
9) A lembrança de minha loucura.

ESTE LIVRO, COMPOSTO NA FONTE FAIRFIELD
E PAGINADO PELA NEGRITO PRODUÇÃO EDITORIAL, FOI
IMPRESSO EM PÓLEN SOFT 80G NA IMPRENSA DA FÉ.
SÃO PAULO, BRASIL, NO INVERNO DE 2009.